TK_KSPUZcSWg8QJrR

LOS DESAFÍOS PARA LA JUSTICIA EUROPEA EN UN SISTEMA MULTINIVEL

Una aproximación desde la perspectiva de la eficacia de los derechos

JOAQUÍN SARRIÓN ESTEVE

Profesor Titular de Derecho Constitucional
Titular de la Catedra Jean Monnet de Gobernanza
y Regulación en la Era Digital (GoReDig)
Director de la Cátedra ISAAC. Derechos individuales,
Investigación Científica y Cooperación
Universidad Nacional de Educación a Distancia (UNED)
jsarrion@der.uned.es

LOS DESAFÍOS PARA LA JUSTICIA EUROPEA EN UN SISTEMA MULTINIVEL

Una aproximación desde la perspectiva de la eficacia de los derechos

IIIARANZADI

Primera edición, 2023

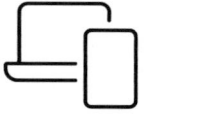

Incluye soporte electrónico

Editorial Aranzadi, S.A.U.
Camino de Galar, 15
31190 Cizur Menor (Navarra)
ISBN: 978-84-1162-547-0
DL NA 2529-2023
Printed in Spain. Impreso en España
Fotocomposición: Editorial Aranzadi, S.A.U.
Impresión: Rodona Industria Gráfica, SL
Polígono Agustinos, Calle A, Nave D-11
31013 – Pamplona

A mi familia y amigos, a quienes tanto tiempo pedí prestado.

Hablo desde la más estricta subjetividad –y de qué otro modo sería posible–, y si acaso de mis intenciones, y acaso de mis impresiones.

Javier Marías, *Negra espalda del tiempo*, pág. 445.

AGRADECIMIENTOS

El autor reconoce y agradece el apoyo al desarrollo de su investigación académica del programa Erasmus+ de la Unión Europea, en particular en el marco del proyecto Jurisdicción y Procedimientos en la Unión Europea (EUJURIS), ref. 621025-EPP-1-2020-1-ES-EPPJMO-MODULE. Sin embargo, los puntos de vista y opiniones expresados son los del autor o autores y no reflejan necesariamente los de la Unión Europea ni los de la Agencia Ejecutiva en el Ámbito Educativo y Cultural Europeo (EACEA). Ni la Unión Europea ni la EACEA pueden ser consideradas responsables de las mismas.

SUMARIO

Libro electrónico. Guía de uso

ABREVIATURAS PRINCIPALES

CE   Constitución Española

CEDH   Convenio para la Protección de los Derechos Humanos y de las Libertades Fundamentales, hecho en Roma el 4 de noviembre de 1950

CDFUE   Carta de Derechos Fundamentales de la Unión Europea.

DUE   Derecho de la Unión Europea

UE   Unión Europea

TC   Tribunal Constitucional

TEDH   Tribunal Europeo de Derechos Humanos

TFUE   Tratado de Funcionamiento de la Unión Europea

TJUE   Tribunal de Justicia de la Unión Europea

TS   Tribunal Supremo

TUE   Tratado de la Unión Europea

UE   Unión Europea

PRESENTACIÓN Y MOTIVACIÓN

Podemos entender que la función principal de los derechos y las libertades es proteger una esfera de libertad para que la persona desarrolle su proyecto personal de vida en la sociedad, y constituyen concreciones específicas, en sus diferentes ámbitos, de esa libertad.

Para que los derechos y libertades puedan cumplir esta función es esencial que sean eficaces, esto es, que puedan cumplir sus objetivos, permitir que las personas desarrollen su libertad, para lo que el Estado constitucional establece (o debe establecer) mecanismos de garantía. Desde la Declaración de Derechos del Hombre y del Ciudadano de 1789, fruto de los tiempos de la revolución, es una constante la consagración del principio, establecido en el artículo 16 del texto, de que para que exista Constitución, debe estar establecida la garantía de los derechos y determinada la división o separación de poderes.

Por un lado, tras la incorporación de España a las entonces Comunidades Europeas, el 1 de enero de 1986, hoy ya Unión Europea, sobre la base del artículo 93 de la Constitución Española, el Estado social y democrático en que España se ha constituido (conforme a la Constitución de 1978), forma parte de una organización supranacional de integración, la europea, a la que se ha atribuido el ejercicio de competencias propias de la soberanía española y que, desde el punto de vista del Derecho constitucional, ejerce *ex constitutione*, una vez ratificados los tratados y sus respectivas reformas.

Por otro lado, la práctica del proceso de integración europea ha propiciado la consagración de un ordenamiento jurídico autónomo cuyas normas se incorporan en los ordenamientos jurídicos internos de los Estados miembros, incluido el español, con la problemática del eventual conflicto que puede derivarse, entre las normas de uno y de otro, en cuanto a su aplicación, en particular desde la perspectiva precisamente del reconocimiento y garantía de los derechos y libertades. Esto ha motivado que, desde posiciones pluralistas y abiertas, se haya intentado resolver el complejo puzle de relación entre ordenamientos, y los eventuales conflictos constitucionales, a través de teorías dogmáticas que, desarrolladas desde el Derecho constitucional europeo, tratan de comprender, explicar y, a su vez, desarrollar la realidad jurídica de la integración europea, de forma que se garanticen de forma efectiva (eficacia) los derechos y libertades.

Esta obra se inscribe en este ámbito, desde el Derecho constitucional europeo, y trata de aprovechar el momento que supone el reciente 70º aniversario del Tribunal de Justicia de la Unión Europea, actor protagonista del proceso de integración europeo, como motivo para unir y entretejer diversas reflexiones e impresiones en torno a los desafíos que la integración europea supone para la protección de los derechos y libertades, y que han motivado algunas preocupaciones del autor en el desarrollo de su investigación en los últimos años, gran parte manifestadas en diversos trabajos, que ahora se integran, para tratar de esbozar una aproximación, un estudio tentativo, de los desafíos de la Justicia Europea, desde la perspectiva de la eficacia de los derechos.

En el primer capítulo analizo la problemática de la protección de los derechos y su eficacia en el sistema multinivel europeo, que incluye tanto los antecedentes como el reconocimiento de los derechos y libertades, una aproximación al concepto, naturaleza, dimensiones y caracteres de los derechos y libertades, sus diferentes clasificaciones y trata de entender el concepto de 'derechos fundamentales' en el nuevo marco que establece el Derecho constitucional europeo, así como la función y eficacia de los derechos y libertades en el mismo.

En el segundo capítulo me centro en el papel que ha jugado el Tribunal de Justicia de la Unión Europea en el proceso de integración supranacional europeo, realizando una revisión con ocasión del 70º aniversario del Tribunal, abarcando desde constitucionalización del Derecho comunitario a la protección de los derechos fundamentales como principios generales, la importancia que ha tenido la Carta de Derechos Fundamentales de la Unión Europea, la problemática de los ámbitos de aplicación de la Carta de Derechos Fundamentales, del sistema de protección de derechos y del Derecho de la Unión Europea, y el nivel de protección de los derechos fundamentales, atendiendo a lo que parece que puede quedar para el estándar de protección nacional en el ámbito de aplicación del Derecho de la UE.

En el tercer capítulo analizo el principio de efectividad como principio general, y la tutela judicial efectiva como derecho fundamental, desde la perspectiva de la eficacia de los derechos en el ámbito de aplicación del Derecho de la UE, integrando diversos estudios, que atienden a lo que constituye el principio de autonomía procesal y procedimental en la jurisprudencia del Tribunal de Justicia, la proyección de la efectividad del Derecho de la Unión Europea sobre la Administración Pública, y sobre los tribunales, en particular sobre las resoluciones judiciales firmes, así como el fundamental a la tutela judicial efectiva en el ámbito del Derecho de la UE.

Al final, como se evidenciará de la lectura de estas páginas, el principal desafío, desde el punto de vista del Derecho constitucional, para la Justicia Europea en el proceso de integración, siempre ha sido y es, el de garantizar de forma eficaz los derechos y libertades, tanto los que son objeto de reconocimiento en el ordenamiento jurídico de la Unión como los que se reconocen en los sistemas internos, y en particular en las Constituciones de los Estados miembros, cuya tutela requiere el funcionamiento de un sano diálogo entre las Cortes o los Tribunales de los diferentes sistemas, puesto que si bien la efectividad del Derecho de la Unión se va a mostrar esencial para garantizar la eficacia de los derechos y libertades reconocidos en su seno, su realización plena depende, en gran medida, de que no se haga a costa de los derechos reconocidos en los sistemas constitucionales de los Estados miembros, que deben ser objeto de valoración y ponderación, para conseguir una auténtica Justicia Europea que sea constitucional.

No puedo sino reconocer y agradecer el apoyo al desarrollo de mi investigación académica del programa Erasmus+ de la Unión Europea, en particular en el marco del proyecto Jurisdicción y Procedimientos en la Unión Europea (EUJURIS), ref. 621025-EPP-1-2020-1-ES-EPPJMO-MODULE, de 2020 a 2023, así como también con la reciente consecución, en el marco de dicho programa, de la Cátedra Jean Monnet de Gobernanza y Regulación en la Era Digital (GoReDig), proyecto 101127331-GovRe-Dig-ERASMUS-JMO-2023-HEI-TCH-RSCH, que acaba de comenzar este mes de octubre, y que impulsará mi investigación para los próximos tres años, en el marco del proceso de integración, de la gobernanza y regulación de la era digital. Sin embargo, hay que advertir que los puntos de vista y opiniones expresados son los del autor y no reflejan necesariamente los de la Unión Europea ni los de la Agencia Ejecutiva en el Ámbito Educativo y Cultural Europeo (EACEA). Ni la Unión Europea ni la EACEA pueden ser consideradas responsables de las mismas.

En Benaguasil, a 15 de octubre de 2023.
El autor.

1

INTRODUCCIÓN. LA PROBLEMÁTICA DE LA PROTECCIÓN DE LOS DERECHOS Y SU EFICACIA EN EL SISTEMA MULTINIVEL EUROPEO

1. ANTECEDENTES Y RECONOCIMIENTO DE LOS DERECHOS Y LIBERTADES

Quizá se puede considerar que la construcción conceptual de los derechos y libertades no es sino el precipitado de la confluencia de diferentes pensamientos que llevaron a la creación del derecho subjetivo, y del desarrollo del pensamiento del Derecho natural[1], lo que propició el reconocimiento posterior de los derecho y libertades, partiendo, eso día, de los derechos a la libertad y la propiedad, como punto de partida a todos los demás.

Ciertamente, a diferencia quizá de la propiedad[2], no es sencillo definir la palabra libertad[3], al fin y al cabo, como bien dijo BERLIN, estamos ante un término con múltiples significados[4].

---

1. ARTOLA, M., Constitucionalismo en la Historia, Critica, Barcelona, 2005, p. 52.

2. Cabe entender que el derecho de propiedad, que tiene una doble vertiente como derecho subjetivo y como institución al servicio de los fines constitucionalmente establecidos, en el sentido de que consiste en un derecho de acceso, de mantenimiento y de transmisibilidad; teniendo en consideración la delimitación del régimen que se establezca legalmente. Sobre el concepto y Véase SARRIÓN ESTEVE, J., «Una aproximación al derecho fundamental a la propiedad privada desde una perspectiva multinivel», Revista de Derecho Político, núm. 100 (2017), p. 924.

3. SÁNCHEZ FERRIZ, R., Estudio sobre las libertades, 2ª ed., Tirant lo Blanch, Valencia, 1995, p. 43.

4. BERLIN, I., Las ideas políticas en la era romántica, México, FCE, 2014, pp. 179-190.

Podemos decir que, por un lado, hay un núcleo común en el concepto que implica ausencia de restricciones[5], pero al mismo tiempo, por otro lado, la libertad se concibe como el fundamento o base del reconocimiento y protección de los derechos y libertades de la persona, que se manifiestan en determinados ámbitos de la vida que quedan protegidos de la intromisión del poder público o de la acción de otras personas, a la vez que, en la democracia, permite el desarrollo de la persona como sujeto individual y su participación como ciudadano en los asuntos públicos[6]. Todo ello sin perjuicio que quepa preguntarse quizá por la relación entre libertad y propiedad, y hasta qué punto puede una persona ser libre sin ser a su vez, de alguna manera, propietario.

Mientras cabe considerar que en el constitucionalismo antiguo[7] la limitación del poder se articulaba en normas objetivas, el constitucionalismo moderno, fruto de las revoluciones, articula la limitación del poder –de forma particular– a través del reconocimiento de derechos subjetivos, siendo la síntesis del constitucionalismo la formulación del artículo 16 de la Declaración de Derechos del Hombre y del Ciudadano de 1789, donde se afirma que «*Toda sociedad en la cual la garantía de los derechos no está asegurada ni la separación de poderes establecida no tiene constitución*»[8].

La idea de los derechos y libertades está muy vinculada al concepto de derechos humanos, entendida esta categoría como la incorporación de una pretensión moral con cierto grado de universalidad o generalidad con garantías efectivas, que se desarrolla en el contexto de la crisis del Antiguo Régimen, y las declaraciones de derechos, sin perjuicio de que se puedan tener en consideración, sus importantes precedentes[9].

---

5.   Y, en este sentido, la libertad política se concibe como noción negativa, es decir, es la ausencia de obstáculos y la capacidad de realizar lo que uno desee, frente a una noción positiva de libertad entendida como capacidad de realización, emancipación o salvación. Véase BERLIN, I., Las ideas políticas en la era romántica, op. cit., pp. 179-190 y 191 y ss.; también en su obra Dos conceptos de libertad y otros escritos, Alianza Editorial, Madrid, 2005. Sobre una historia de la idea de libertad en el pensamiento político y la praxis de esta como derecho, véase el reciente estudio de MIGUEL BÁRCENA, J. de, Libertad. Una historia de la idea, Athenaica, Sevilla, 2022.

6.   GÓMEZ SÁNCHEZ, Y., Constitucionalismo Multinivel. Derechos Fundamentales, 5ª edición, Sanz y Torres, Madrid, 2020, pp. 13 y 14.

7.   Tanto en el mundo griego como en el romano, la reflexión sobre la limitación del poder y la justicia no alcanza a los derechos de la persona; el cristianismo aporta la noción de dignidad de la persona y en la época de la baja edad media comienzan a reivindicarse derechos, aunque vinculados a cierto orden social, como se materializa en la Carta Magna inglesa (1215). Véase TORRES DEL MORAL, A., Estado de Derecho y Democracia de Partidos, 5ª edición, Universitas, Madrid, 2015, p. 209.

8.   DÍEZ-PICAZO, L. M., Sistema de derechos fundamentales, 5ª edición, Tirant lo Blanch, Valencia, 2021, pp. 25-27.

9.   GÓMEZ SÁNCHEZ, Y., Constitucionalismo Multinivel. Derechos Fundamentales, 5ª ed., op. cit., p. 14. Así, en el mundo clásico de la antigüedad no hubo una reflexión en torno a los derechos del individuo, y aunque el cristianismo aportó la noción de dignidad de la persona, no llegó a definir una «esfera de inmunidad frente al poder», siendo en la Baja Edad Media cuando comienzan a reconocerse los primeros derechos si bien configurados como privilegios personales o locales, pudiendo poner como ejemplos la Carta Magna inglesa (1215) del rey Juan sin Tierra, o los fueros y las cartas pueblas medievales. Es importante señalar, como antecedente, la contribución de la Escuela Española del Derecho Natural, y en particular de la Escuela de Salamanca, que permitió una reflexión y enunciación de los principios de que todos los hombres nacen igualmente libres, y que influyeron en la

Pero en el origen del Estado constitucional hay que destacar los documentos ingleses del siglo XVII, como la Petición de Derechos (1627), la Ley de Habeas Corpus (1679), la Declaración de Derechos (1689), que se apoyan en la tradición para sustentar la declaración de derechos y libertades. También las declaraciones norteamericanas del siglo XVIII y, en particular, la Declaración de Derechos del Buen Pueblo de Virginia (12 de junio de 1776), que proclamando la libertad, la vida, la propiedad, la seguridad y la libertad religiosa y la libertad influyó de forma decisiva en otros textos y en la propia Declaración de Independencia (4 de julio de 1776), positivizando los principios del iusnaturalismo racionalista, incluyendo la soberanía popular, la igualdad de los hombres en su dignidad, el reconocimiento como derechos inalienables de la vida, la libertad, la propiedad, la seguridad y la búsqueda de la felicidad; así como principios políticos del régimen constitucional como la soberanía nacional y el gobierno de la mayoría[10]. La Constitución de 1787 carece de una declaración de derechos, si bien en los siguientes años se incorporan toda una tabla de derechos, a través de diferentes enmiendas.

Es en el contexto de la Revolución francesa en el que se va a recoger, en la Declaración de Derechos del Hombre y del Ciudadano (1789), las ideas de Montesquieu (separación de poderes), Voltaire (tolerancia religiosa), Rousseau (la ley como expresión de la voluntad general), y Locke (la idea de contrato social), a la vez que presenta como rasgos distintivos el individualismo, la universalidad, el reconocimiento de la libertad en determinados aspectos (pensamiento, expresión, religiosa), igualdad formal o ante la ley, una organización política basada en la soberanía nacional y la división de poderes[11].

No obstante, no se puede obviar que las declaraciones de derechos han evolucionado desde las revoluciones liberales, gracias a la ampliación de derechos y la internacionalización de las propias declaraciones, en particular a partir del siglo XX, como se puede apreciar en la Constitución mexicana de 1917, la Constitución de la República de Weimar de 1920, la Constitución española de 1931, o las posteriores a la IIª Guerra Mundial, incluyendo la Constitución italiana de 1947, la Ley Fundamental de Bonn de 1949, que consolidan tablas de derechos y garantías, y el valor normativo supremo de la Constitución; como ocurre también con textos constitucionales más modernos, como la Constitución española de 1978.

---

aprobación de las Leyes de Burgos de 1512 y las Leyes Nuevas de 1542, protectoras de los derechos de los indios. También se debe considerar la importante aportación del Humanismo renacentista desarrollado en Italia en el siglo XV y difundido en Europa durante el siglo XVI, difundiendo las ideas de la defensa de la dignidad, libertad y creación del ser humano, y su difusión con la invención de la imprenta, se unieron también a las demandas de tolerancia religiosa de la Reforma, y la posterior de libertad religiosa, que están en el origen de las declaraciones de derechos. En el origen del Estado constitucional hay que destacar los documentos ingleses del siglo XVII, como la Petición de Derechos (1627), la Ley de Habeas Corpus (1679), la Declaración de Derechos (1689), que se apoyan en la tradición para sustentar la declaración de derechos y libertades. Véase TORRES DEL MORAL, A., Estado de Derecho y Democracia de Partidos, op. cit., p. 210.

10. Ídem, p. 212.
11. GÓMEZ SÁNCHEZ, Y., Constitucionalismo Multinivel. Derechos Fundamentales, 5ª ed., op. cit., p. 24-25.

En el ámbito internacional conviene hacer referencia a los textos internacionales desarrollados, principalmente en el ámbito de Naciones Unidas como la Declaración Universal de Derechos Humanos de 1948, el Pacto Internacional de Derechos Civiles y Políticos y el Pacto Internacional de Derechos Económicos y Sociales, ambos de 1966, y la experiencia a nivel regional, en particular en Europa con el Convenio Europeo de Derechos Humanos de 1950 y la Carta Social Europea de 1996 en el ámbito del Consejo de Europa, y la Carta de Derechos Fundamentales de la Unión Europea de 2000 en el ámbito de la Unión Europea.

2. CONCEPTO, NATURALEZA, DIMENSIONES Y CARACTERES DE LOS DERECHOS Y LIBERTADES

Podemos afirmar que el uso lingüístico actual de la expresión «derechos humanos» sirve para identificar los derechos fundamentales[12], entendidos éstos en un sentido material, es decir, como derechos universales, inherentes a la condición de persona o, en su caso, de ciudadano[13], que están reconocidos en las declaraciones y tratados internacionales.

El Estado de Derecho, en su actual configuración de Estado social y democrático de Derecho, tiene un contenido axiológico –podemos decir– fundamentado en la garantía de la libertad a través del reconocimiento y protección de los derechos y libertades, y que encontramos tanto en la proclamación como valores superiores del ordenamiento jurídico de la libertad, la igualdad, la justicia y pluralismo político, que realiza la Constitución española de 1978 en su artículo 1.1, que van a servir como criterios orientadores del ordenamiento jurídico, como en los fundamentos constitucionales que constituyen la dignidad de la persona, los derechos inviolables que le son inherentes y el libre desarrollo de la personalidad (artículo 10 CE)[14].

La dignidad de la persona, consagrada en múltiples textos constitucionales e internacionales, implica la prevalencia del individuo frente al Estado. Así, podemos encontrarnos referencias a la dignidad en el Preámbulo de la Declaración Universal de Derechos del Hombre y del Ciudadano, en el Pacto Internacional de Derechos

---

12. En ocasiones se utiliza también la expresión de «libertades públicas» como equivalente a la de derechos fundamentales, quizá en algunos casos para enfatizar su proyección frente al poder, o bien, de forma más precisa, para concretar que el poder de autodeterminación de la persona está reconocido en el Derecho positivo. Véase TENORIO SÁNCHEZ, P., Libertades Públicas, Universitas, Madrid, 2013, p. 26.

13. Caben dos concepciones de la categoría de «derechos fundamentales», en un sentido material se identifican como tales a los derechos reconocidos como universales, con independencia de la forma en la que están regulados y protegidos, mientras que en un sentido formal se identifican como tales únicamente aquellos que están en un determinado rango normativo garantizados, es decir, aquellos que están garantizados en la Constitución. Véase DÍEZ-PICAZO, L. M., Sistema de derechos fundamentales, 5ª ed., op. cit., pp. 30-31.

14. El art. 10.1 de la Constitución Española consagra que «La dignidad de la persona, los derechos inviolables que le son inherentes, el libre desarrollo de la personalidad, el respeto a la ley y a los derechos de los demás son fundamento del orden político y de la paz social».

Civiles y Políticos, y en el art. 1 de la Carta de Derechos Fundamentales de la Unión Europea.

Por su parte, el libre desarrollo de la personalidad, cuyo precedente es el artículo 2 de la Ley Fundamental de Bonn, es un eco del derecho a la búsqueda de la felicidad proclamado en la Declaración de la Independencia de Estados Unidos, y se puede considerar como la consagración de una cláusula general de libertad[15].

Además, se suele decir que los derechos tienen una doble dimensión, una subjetiva, al configurarse como derechos subjetivos, es decir, derechos que integran el estatuto jurídico del individuo garantizando un ámbito de libertad, al mismo tiempo que tienen una dimensión objetiva o institucional, al constituir elementos esenciales del ordenamiento jurídico, fruto del consenso del sistema político y social, con una función de legitimación del sistema[16]; además, la dimensión objetiva o institucional permite la interpretación de todo el Derecho de conformidad con el sistema de valores constitucionales que los derechos incorporan[17], sin perder de vista la importancia de dar preferencia a la interpretación que dé mayores garantías al titular de los derechos (principio libertatis)[18], por la importancia de preservar los derechos como instrumentos de tutela frente al poder[19]. En realidad, también se podría decir que tienen dos caracteres, al ser derechos subjetivos y al mismos tiempo elementos esenciales del ordenamiento objetivo[20].

En cualquier caso, debemos considerar que los derechos y libertades, en principio, no son absolutos, y que la garantía y el ejercicio de los derechos puede exigir que se acepten sus límites. Estos límites, estas restricciones, de los derechos derivan necesariamente de que hay que compatibilizarlos con otros derechos y otros bienes jurídicos que son dignos de protección[21]. Podemos encontrar, desde luego, diferentes

---

15. Véase DÍEZ-PICAZO, L. M., Sistema de derechos fundamentales, 5ª ed., op. cit., pp. 62-63.

16. BALAGUER CALLEJÓN, F. (COORD), CÁMARA VILLAR, G., BALAGUER CALLEJÓN, M. L., MONTILLA MARTOS, J. A., Introducción al Derecho Constitucional, 5ª ed., Tecnos, Madrid, 2016, p. 346.

17. FREIXES SANJUAN, T., Constitución y Derechos Fundamentales. I. Estructura jurídica y función constitucional de los Derechos, PPU, Barcelona, 1992, p. 103; GÓMEZ SÁNCHEZ, Y., Constitucionalismo Multinivel. Derechos Fundamentales, 5ª ed., op. cit., pp. 167-168; BALAGUER CALLEJÓN, F. (COORD), CÁMARA VILLAR, G., BALAGUER CALLEJÓN, M. L., MONTILLA MARTOS, J. A., Introducción al Derecho Constitucional, 5ª ed., op. cit., p. 346.

18. BALAGUER CALLEJÓN, F. (COORD), CÁMARA VILLAR, G., BALAGUER CALLEJÓN, M. L., MONTILLA MARTOS, J. A., Introducción al Derecho Constitucional, 5ª ed., op. cit., p. 346.

19. DÍEZ-PICAZO plantea que la concepción institucional de los derechos fundamentales se prestaría a visiones excesivamente anti-individualistas, no debiendo perder de vista la «finalidad primigenia» de los derechos como es la tutela del individuo. Véase DÍEZ-PICAZO, L.M., Sistema de derechos fundamentales, 5ª ed., op. cit., pp. 56-57.

20. ESCOBAR ROCA, G., «Los derechos humanos y los derechos fundamentales». En: CASTELLÀ ANDREU, J. M. (Ed.)., Derecho Constitucional Básico, 19ª edición, Huygens Editorial, Barcelona, p. 414.

21. Véase BALAGUER CALLEJÓN, F. (COORD), CÁMARA VILLAR, G., BALAGUER CALLEJÓN, M. L., MONTILLA MARTOS, J. A., Introducción al Derecho Constitucional, 5ª ed., op. cit., pp. 369-370.

tipos de límites, Se puede hablar de distintos tipos de límites, o realizar diferentes clasificaciones, una de ellas es la que diferencia entre los límites intrínsecos a la naturaleza de la configuración de los derechos y libertades, y los extrínsecos, que son los establecidos, de forma implícita o explícita, en el ordenamiento jurídico[22].

3. CLASIFICACIONES DE DERECHOS Y LIBERTADES Y EL CONCEPTO DE 'DERECHOS FUNDAMENTALES'

La terminología utilizada en materia de derechos es amplia, pudiendo hacer referencia al «Derecho objetivo» como el conjunto de normas que integran el ordenamiento jurídico y «derecho subjetivo» la facultad o facultades que se reconocen en el ordenamiento jurídico, en el Derecho objetivo, a la persona titular del derecho. Con la expresión «derechos públicos subjetivos» se hace referencia a las facultades que gozan los particulares frente a los poderes públicos, aquellos que están sujetos al Derecho administrativo.

Además, se pueden distinguir o clasificar los derechos, atendiendo a su función, entre derechos civiles (o derechos civiles individuales), libertades públicas (facultades que se manifiestan o ejercen en el ámbito social)[23], derechos políticos (de participación) y derechos sociales; por su estructura entre derechos de defensa o derechos-resistencia, derechos de participación y derechos de prestación (en la medida en que requieren de una actuación de los poderes públicos para su realización)[24]; por la generación en la que se han incorporado a la Constitución, así como por el nivel de su protección –que se suele utilizar desde la perspectiva de la Constitución interna– para distinguir entre tres categorías: los «derechos fundamentales y libertades públicas», los derechos constitucionales (no fundamentales) y los principios rectores de la política social y económica[25].

Así, se suele entender, desde la perspectiva de la Constitución interna, y en particular la española, que los «derechos constitucionales» son todos los derechos reconocidos o incorporados a la Constitución, de forma que se pueden diferenciar de los

---

22. Ídem, pp. 369-370.

23. Así, por ejemplo, aunque la Constitución española no establece una diferencia entre derechos y libertades públicas, en ocasiones con esta última expresión se pretende mencionar los derechos que representan las libertades que la persona ejerce en el ámbito social y público, es decir, que tienen una trascendencia externa, véase GÓMEZ SÁNCHEZ, Y., Constitucionalismo Multinivel. Derechos Fundamentales, 5ª ed., op. cit., pp. 150-151.; o que garantizan en particular ámbitos de autonomía rente al Estado en lugar de derechos de participación, véase DÍEZ-PICAZO, L. M., Sistema de derechos fundamentales, 5ª ed., op. cit., p. 32.

24. A. Torres del Moral distingue entre derechos civiles individuales, libertades públicas, derechos de prestación y principios rectores de políticas públicas sociales y económicas, véase TORRES DEL MORAL, A., Estado de Derecho y Democracia de Partidos, op. cit., pp. 236-237; DÍEZ-PICAZO entre derechos civiles, políticos y sociales por razón de su función y derechos de defensa, políticos, derechos participación y derechos de prestación, Díez-Picazo, L. M., Sistema de derechos fundamentales, 5ª ed., op. cit., pp. 34-35.

25. TENORIO SÁNCHEZ, P., Libertades Públicas, op. cit., pp. 56-57.

derechos reconocidos en la legislación de desarrollo o en los Estatutos de Autonomía; que se diferenciaría de un concepto más restringido de «derechos fundamentales», que se suele utilizar por parte de la doctrina mayoritaria para identificar al grupo de derechos que, reconocidos en la Constitución, gozan de las máximas garantías[26]. Esto serviría para diferenciar estos derechos fundamentales de otros derechos constitucionales no fundamentales[27], así como también de los llamados principios rectores[28].

Sin embargo, esta clasificación doctrinal mayoritaria, basada en la diferencia de los grupos en relación a las garantías establecidas en la Constitución, no es del todo pacífico, puesto que se mantiene, includso desde la perspectiva de la Constitución interna, cierta discusión y debate sobre qué derechos merecen esta calificación, ya sea porque algunos autores mantienen una concepción digamos más axiológica de lo que es un derecho fundamental o una concepción más formal, o incluso ciertas posiciones que podríamos considerar intermedias.

Algunos autores consideran que los derechos fundamentales, en realidad, son los derechos humanos que se han positivizado en la Constitución[29], o bien los derechos reconocidos a todas las personas o en su caso a todos los ciudadanos por el hecho de serlo, con independencia del modo de su reconocimiento en el ordenamiento[30].

Otros consideran que derechos fundamentales son todos los derechos del título I, o los derechos contenidos en el Capítulo II del Título I CE, incluyendo tanto la Sección Primera como la Segunda (arts. 14 al 38 CE), porque gozan de las notas básicas de la disponibilidad por su titular y la indisponibilidad para el legislador sobre su existencia[31] o porque, con carácter general, tienen una eficacia que les hace merecedores de

---

26. Véase, en este sentido, la posición de GÓMEZ SÁNCHEZ, que entiende que la expresión «derechos fundamentales» debe utilizarse para designar al grupo de derechos que gozan de las máximas garantías normativas, institucionales y jurisdiccionales, esto es, los derechos reconocidos en la Sección Primera del Capítulo II del Título Primero (arts. 15 al 29 CE), y que por tanto, requieren de ley orgánica para su desarrollo que debe respetar su contenido esencial (art. 81.1 CE), y tienen tutela preferente y sumaria, así como el recurso de amparo ante el Tribunal Constitucional (art. 53.2 CE), además de las demás garantías normativas e institucionales, y que acoge, en realidad, la distinción que ha señalado el Tribunal Constitucional desde sus SSTC 160 y 161/1987, de 27 de octubre, y confirmada en STC 31/2010. GÓMEZ SÁNCHEZ, Y., Constitucionalismo Multinivel. Derechos Fundamentales, 5ª ed., op. cit., p. 152.

27. Aunque tengan garantías relevantes, como la reserva de ley para su regulación, que debe respetar su contenido esencial (art. 53.1 CE).

28. Que informarán la legislación positiva, la práctica judicial y la actuación de los poderes públicos, pero que dependerán del desarrollo legislativo (art. 53.3 CE).

29. Es decir, derechos fundamentales sería sinónimo de derechos humanos, véase PECES BARBA, G., «El sistema de los derechos fundamentales», Quaderns de Treball, Centre d'Estudis de Drets Humans, UAB, núm. 1, (1994), p. 21.

30. Así sería la concepción material de FERRAJOLI, que se fundamenta en que lo relevante de los derechos es su contenido; y que estaría presente, por ejemplo, en el Derecho de la Unión Europea, art. 6 TUE, al que luego volveremos, frente a una concepción formal basada en el rango de reconocimiento. Véase DÍEZ-PICAZO, L. M., Sistema de derechos fundamentales, 5ª ed., op. cit., pp. 30-31.

31. BASTIDA FREIJEDO, F., VILLAVERDE MENÉNDEZ, I., REQUEJO RODRÍGUEZ, P., PRESNO LINERA, M.A, ALÁEZ CORRAL, B., FERNÁNDEZ SARASOLA, I., Teoría General de los derechos fundamentales en la Constitución Española de 1978, Tecnos, Madrid, 2004, p. 41.

tal calificación, siendo la protección adicional de la Sección 1ª de carácter adjetivo y no constitutivo[32].

Más allá de las disquisiciones doctrinales sobre el nombre de los derechos y libertades, lo cierto es que estamos hablando de una clasificación desde la perspectiva de la Constitución interna, lo que plantea ciertos desafíos para su traslado a un entorno multinivel, puesto que, aunque asumiéramos una perspectiva garantista formalista de lo que son los derechos fundamentales, para identificar las garantías de los derechos (fundamentales) no solo deberíamos tener en consideración las garantías constitucionales internas, sino que sería necesario también tener en consideración las garantías constitucionales establecidas tanto a nivel internacional (por ejemplo, en los sistemas de Naciones Unidas; y en el sistema del Consejo de Europa, con el Convenio Europeo de Derechos Humanos y la Carta Social Europea), como supranacional (Unión Europea)[33].

Ciertamente, si bien a nivel internacional se suele hablar de derechos humanos, en la Unión Europea ha tenido éxito la expresión de derechos fundamentales. Así, desde el comienzo de la jurisprudencia tuteladora de derechos del Tribunal de Justicia, desde Stauder (1965)[34], en la que reconocía que los derchos fundamentales forman parte de los principios generales del entonces Derecho comunitario, ha sido así. Y se ha consolidado, tanto jurisprudencialmente, poco tiempo después, en *Internationale Handelsgesellschaft* (1970)[35], proclama que la protección de los mismos, inspirada en las tradiciones constituciones comunes de los Estados miembros, debe garantizarse en el marco de la estructura y de los objetivos de la entonces Comunidad Europea, introduciendo lo que hemos llamado una configuración autónoma y diferencial de la protección de los derechos fundamentales en el seno comunitario[36], vinculada a los propios objetivos y estructura comunitaria; como en la posterior positivización de los mismos– los derechos fundamentales, valga la posterior redundancia– en la Carta de Derechos Fundamentales de la Unión Europea (2000)[37],

---

32.   BALAGUER CALLEJÓN, F. (COORD), CÁMARA VILLAR, G., BALAGUER CALLEJÓN, M. L., MONTILLA MARTOS, J. A., Introducción al Derecho Constitucional, 5ª ed., op. cit., p. 352.

33.   Más en extenso sobre el reconocimiento y protección de los derechos y libertades en el ámbito internacional, lo que se aleja del objeto de este trabajo, véase SARRIÓN ESTEVE, J., El reconocimiento y protección de los derechos y libertades en un mundo en transformación ¿Hacia un nuevo paradigma constitucional?, Aranzadi, Madrid, 2023, pp. 101-122.

34.   Sentencia del Tribunal de Justicia de 12 de noviembre de 1969, *Erich Stauder*, C-29/69, EU:C:1969:57.

35.   Sentencia del Tribunal de Justicia de 17 de diciembre de 1970, *Internationale Handelsgesellschaft*, C-11/70, EU:C:1970:114.

36.   Este planteamiento sobre la configuración de la protección de los derechos fundamentales en la Unión Europea, y la construcción de un sistema autónomo de protección de derechos fundamentales, al margen de los sistemas constitucionales, está ya planteada en SARRIÓN ESTEVE, J., Jurisdicción y Protección de los Derechos Fundamentales en la Unión Europea, Universitas, Madrid, 2021, pp. 78 y ss.

37.   La elaboración y aprobación de la Carta de Derechos Fundamentales de la Unión Europea (CDFUE) en el año 2000, va a influir en el Tribunal de Justicia, que comienza a citar la Carta, y posteriormente con la atribución a la misma en el Tratado de Lisboa de una fuerza jurídica equivalente al Tratado, refuerza la posición del Tribunal de Justicia de la Unión Europea como «garante de los derechos fundamentales», véase sobre la evolución de esta jurisprudencia, SARRIÓN ESTEVE, J., El Tribunal de Justicia de Luxemburgo como garante de los derechos fundamentales, Dykinson, Madrid, 2013.

a partir de la que se pone de manifiesto una labor de construcción de un estándar europeo de derechos fundamentales[38].

Pero lo cierto es que es el Tratado de Lisboa, que entró en vigor el 1 de diciembre de 2009, el que se ocupa de introducir una nueva configuración de la protección de los derechos fundamentales en el art. 6 TUE:

> «1. La Unión reconoce los derechos libertades y principios enunciados en la *Carta de los Derechos Fundamentales de la Unión Europea de 7 de diciembre de 2000, tal como fue adaptada el 12 de diciembre de 2007 en Estrasburgo, la cual tendrá el mismo valor jurídico que los Tratados.*
>
> *Las disposiciones de la Carta no ampliarán en modo alguno las competencias de la Unión tal como se definen en los Tratados.*
>
> *Los derechos, libertades y principios enunciados en la Carta se interpretarán con arreglo a las disposiciones generales del título VII de la Carta por las que se rige su interpretación y aplicación y teniendo debidamente en cuenta las explicaciones a que se hace referencia en la Carta, que indican las fuentes de dichas disposiciones.*
>
> *2. La Unión se adherirá al Convenio Europeo para la Protección de los Derechos Humanos y de las Libertades Fundamentales. Esta adhesión no modificará las competencias de la Unión que se definen en los Tratados.*
>
> *3. Los derechos fundamentales que garantiza el Convenio Europeo para la Protección de los Derechos Humanos y de las Libertades Fundamentales y los que son fruto de las tradiciones constitucionales comunes a los Estados miembros formarán parte del Derecho de la Unión como principios generales[39]».*

De este artículo se puede deducir una configuración de la protección de los derechos fundamentales a través de tres ejes o vías[40], en las que las dos más relevantes serían: 1) el reconocimiento de los derechos, libertades y principios de la CDFUE (art. 6.1 TUE), y 2) afirmar que los derechos fundamentales que garantiza el CEDH y los que son fruto de las tradiciones constitucionales comunes a los Estados miembros formarán parte del Derecho de la Unión como principios generales (art. 6.3 TUE); con una tercera complementaría, 3) el mandato de adhesión al Convenio

---

38. CARMONA CONTRERAS, A. M. (Dir.), Construyendo un estándar europeo de derechos fundamentales, Thomsom Reuters Aranzadi, Madrid, 2018.

39. Podemos encontrar la versión del Tratado de la Unión Europea (TUE) tal y como queda con el Tratado de Lisboa, así como el Tratado de Funcionamiento de la Unión Europea (TFUE), Documento C:2008:115:TOC, en http://eur-lex.europa.eu/JOHtml.do?uri=OJ:C:2008:115:SOM:ES:HTML, y las versiones consolidadas, Documento 12016ME/TXT, aquí: https://eur-lex.europa.eu/legal-content/ES/TXT/?uri=celex%3A12016ME%2FTXT [Acceso 1 de octubre de 2023].

40. CASTILLO DAUDÍ, M., «La protección internacional de los Derechos Humanos en el plano regional (II): La obra de las Comunidades Europeas y de la Unión Europea», en: Curso de Derecho Internacional de los Derechos Humanos, 2ª edición, Tirant lo Blanch, Valencia, 2010, pp. 209-213.

Europeo para la Protección de los Derechos Humanos y de las Libertades Fundamentales (art. 6.2 TUE)[41].

Además, y no menos importante, se reconocen en el mismo artículo tres fuentes, aparentemente distintas, para la protección de los derechos fundamentales en el ámbito de la Unión Europea:

1) la CDFUE (art. 6.1 párrafo primero),

2) el CEDH (art. 6.3), y

3) las tradiciones constitucionales comunes a los Estados miembros (art. 6.3).

Es cierto, sin embargo, que hay un tratamiento diferente de estas fuentes, puesto que los derechos garantizados en el CEDH y los que son fruto de las tradiciones constitucionales comunes se protegen como principios generales del Derecho de la Unión, lo que no es sino la positivización de la jurisprudencia tuteladora de derechos fundamentales desarrollada por el TJUE, a la que hemos hecho referencia con antelación y sobre la que volveremos posteriormente en el siguiente capítulo más en detalle, con lo que podríamos considerar la existencia, tras el Tratado de Lisboa de un sistema de protección de derechos fundamentales que, en realidad, tiene dos fuentes de protección diferentes:

1) En primer lugar, la nueva fuente de protección que constituye la Carta de Derechos Fundamentales de la Unión Europea (6.1 TUE);

2) Y, en segundo lugar, los principios generales del Derecho de la UE, es decir, los derechos fundamentales como principios generales del Derecho de la UE tal y como había sido configurados tradicionalmente por el TJUE en base al CEDH y las tradiciones constitucionales comunes de los Estados miembros (art. 6.3TUE).

De forma que cabría el nazcan nuevos derechos fundamentales, tanto derivados de la propia CDFUE, como el reconocimiento de estos al margen de la Carta, esto es, derivados del CEDH por la jurisprudencia del Tribunal Europeo de Derechos Humanos (TEDH), o de las tradiciones constitucionales comunes de los Estados miembros conforme se desarrollen. Todo ello, sin perjuicio de que, no olvidemos, la CDFUE, debe ser interpretada de conformidad con el CEDH cuando recoge derechos que provienen del mismo, y de conformidad con las tradiciones constitucionales comunes cuando los derechos resultan de las mismas, de conformidad con lo previsto en el art. 52.3 y 4 de la CDFUE[42].

---

41. Lo que constituye un mandato claro, a pesar de los obstáculos que se derivan del mismo, sobre todo teniendo en consideración la interpretación del TJUE manifestada en el Dictamen 2/13 de 28 de diciembre de 2014 sobre el proyecto de adhesión. Véase el Dictamen 2/13 del Tribunal de Justicia (Pleno) de 28 de diciembre de 2014, EU:C:2014:2454.

42. Así, dispone el art. 52, apartados 3 y 4 CDFUE:
   «3. En la medida en que la presente Carta contenga derechos que correspondan a derechos garantizados por el Convenio Europeo para la Protección de los Derechos Humanos y de las Libertades Fundamentales, su sentido y alcance serán iguales a los que les confiere dicho Convenio.

Todo esto motiva la complejidad de poder establecer un concepto nítido de «derechos fundamentales», en particular en un sistema multinivel como lo es el nuestro, y que tenga en consideración la aplicación de los derechos procedentes de los diferentes niveles que lo forman.

4. SOBRE LA FUNCIÓN Y EFICACIA DE LOS DERECHOS Y LIBERTADES EN EL SISTEMA MULTINIVEL EUROPEO

La función principal de los derechos y libertades, siguiendo a GÓMEZ SÁNCHEZ, es «configurar y proteger una esfera de libertad individual en la que cada persona pueda decidir con plena autonomía, conformar sus opciones vitales», son una concreción de la libertad, y por tanto su función básica sería articular y tutelar la libertad[43]. Sin embargo, para que cumplan esta función es necesario que sean eficaces, esto es, que los derechos sean aptos para la consecución de estos objetivos[44], es decir, de que cumplan esta función de protección de la esfera de libertad de la persona para que pueda desarrollar su proyecto de vida, y esto debe realizarse en la realidad jurídica que vivimos, que es lo que importa (*nomen iuris*).

Tras la incorporación de España a las entonces Comunidades Europeas el 1 de enero de 1986, hoy Unión Europea, sobre la base del artículo 93 de la Constitución Española[45], Qué duda cabe que la cesión, no de la titularidad, del ejercicio de competencias (¿cualquier competencia?) derivadas de la Constitución permite en la práctica una posible mutación constitucional como consecuencia de la integración europea y del ejercicio de esas competencias, cuyo ejercicio se atribuye, *ex constitutione*, a través de la ratificación de tratado y sus reformas que atribuyen al ente supranacional europeo competencias propias de la soberanía (conforme al principio de atribución de competencias, principio de Derecho comunitario, hoy Derecho de la Unión Europea).

En cualquier caso, lo cierto es que la práctica de la integración europea ha llevado a la consagración de un ordenamiento jurídico autónomo (el comunitario, hoy el ordenamiento jurídico de la UE) cuyas normas se incorporan en los ordenamientos jurídicos internos de los Estados miembros, con la problemática del eventual conflicto entre las normas de uno y de otro, en cuanto a su aplicación, si bien parece que de una u otra

---

Esta disposición no obstará a que el Derecho de la Unión conceda una protección más extensa.

4. En la medida en que la presente Carta reconozca derechos fundamentales resultantes de las tradiciones constitucionales comunes a los Estados miembros, dichos derechos se interpretarán en armonía con las citadas tradiciones».

43. GÓMEZ SÁNCHEZ, Y., Constitucionalismo Multinivel. Derechos Fundamentales, 5ª ed., op. cit., pp. 33-34.

44. BASTIDA FREIJEDO, F., VILLAVERDE MENÉNDEZ, I., REQUEJO RODRÍGUEZ, P., PRESNO LINERA, M.A, ALÁEZ CORRAL, B., FERNÁNDEZ SARASOLA, I., op. cit., p. 179.

45. Establece de forma muy genérica el art. 93 CE que: «Mediante la ley orgánica se podrá autorizar la celebración de tratados por los que se atribuya a una organización o institución internacional el ejercicio de competencias derivadas de la Constitución. Corresponde a las Cortes Generales o al Gobierno, según los casos, la garantía del cumplimiento de estos tratados y de las resoluciones emanadas de los organismos internacionales o supranacionales titulares de la cesión».

forma, estas normas de origen supranacional terminan prevaleciendo, a pesar de ciertos límites y resistencias que se han podido apreciar en los sistemas constitucionales internos[46].

Esto hace difícil, sino imposible, no tener en consideración los planteamientos pluralistas para una interpretación de las normas e instituciones jurídicas, pues como dice GÓMEZ SÁNCHEZ, dada «la extraordinaria complejidad de los ordenamientos jurídicos actuales», se buscan nuevas formas o sistemas de articulación e interpretación de la realidad jurídica[47]. Estamos hablando de teorías de dogmática jurídica que buscan explicar, partiendo de un punto de vista ordinamental, las relaciones entre el Derecho de la UE y el Derecho interno de los Estados miembros, también desde el Derecho constitucional europeo como disciplina[48].

En el marco de las teorías pluralistas, las más relevantes son sin duda el pluralismo constitucional (*constitutional pluralism*)[49], y el constitucionalismo multinivel (*multilevel constitutionalism*)[50]. Ambas teorías o construcciones dogmáticas tienen un origen

---

46. Véase SARRIÓN ESTEVE, J., «En búsqueda de los límites constitucionales a la integración europea», CEFLegal: revista práctica de derecho, núm. 131 (2011), pp. 81-142; y Los límites a la integración europea en la doctrina constitucional, Comares, Granada, 2020.

47. GÓMEZ SÁNCHEZ, Y., Constitucionalismo Multinivel. Derechos Fundamentales, 5ª ed., op. cit., p. 45.

48. El constitucionalismo ya no puede limitar su estudio al texto constitucional, aunque parta necesariamente del mismo, sino que, desde el texto constitucional, fija su atención también en otras normas y elementos del orden o sistema jurídico que se debe al mismo; sin que por tanto podamos obviar los procesos supranacionales de integración, y de internacionalización, dado que las constituciones no son ya textos cerrados, y tampoco lo son por tanto los antaño nacionales sistemas jurídicos, sino que abren la puerta a la influencia del Derecho Internacional, y en particular del Derecho de la Unión Europea, lo que propicia un espacio jurídico abierto y plural. Así, la realidad «constitucional» que se puede apreciar en la integración europea ha posibilitado justificar y fundamentar el estudio del Derecho comunitario desde el Derecho constitucional, un Derecho constitucional europeo que se construye, como disciplina jurídica, a partir del antecedente de la idea de Derecho constitucional común europeo enunciada por HÄBERLE, y que permite, como dice BALAGUER CALLEJÓN, estudiar el fenómeno de constitucionalización del proceso de integración europea, pero también integrar las cuestiones constitucionales europeas en el Derecho constitucional, considerando, con una perspectiva amplia e integradora, los espacios constitucionales de la Unión y de los Estados miembros. Véase HÄBERLE, P., «Derecho constitucional común europeo», traducción de E. MIKUNDA FANCO, Revista de Estudios Políticos, núm. 79 (1993), pp. 7-46; HÄBERLE, P., «Europa como comunidad constitucional en desarrollo», Revista de Derecho Constitucional Europeo, núm. 1 (2004); y BALAGUER CALLEJÓN, F. (COORD), CÁMARA VILLAR, G., BALAGUER CALLEJÓN, M. L., MONTILLA MARTOS, J. A., Introducción al Derecho Constitucional, 5ª ed., op. cit., pp. 79 y ss.

49. Véase, por ejemplo, MACCORMICK, N., Questioning Sovereignty. Law, State and Nation in the European commonwealth, Oxford University Press, Oxford, 1999, pp. 703-750; y JAKLICK, K., Constitutional Pluralism in the EU, Oxford University Press, Oxford, 2014. Para una revisión de la literatura sobre esta teoría véase BOBIĆ, A., «Constitutional Pluralism Is Not Dead: An Analysis of Interactions Between Constitutional Courts of Member States and the European Court of Justice», German Law Journal, vol. 18, núm. 6 (2017), pp. 1395-1428, y The Jurisprudence of Constitutional Conflict in the European Union, Oxford University Press, Oxford, 2022.

50. PERNICE, I., «Multilevel constitutionalism and the Treaty of Amsterdam: European Constitution-making revisited?», Common Market Law Review, vol. 36 (1999), pp. 703-756, y «Multilevel constitutionalism in the European Union», European Law Review, núm. 5 (2002), pp. 511-529;

y un desarrollo posterior diferentes, pero básicamente podemos decir que comparten ciertas similitudes en términos de su fundamentación teórica que las hacen participar de una visión abierta y pluralista de las relaciones entre ordenamientos[51]. Así, podemos considerar que ambas parten de una perspectiva ordinamental, esto es, definen la realidad del orden jurídico como un ordenamiento un todo ordenado, que estaría formado por normas, principios e instituciones, y tienen por objetivo tratar de explicar una arquitectura de relaciones entre ordenamientos jurídicos autónomos, cada uno con su respectiva norma fundamental que define los criterios de validez de sus propias normas y las relaciones con otros ordenamientos; que están entrelazados de forma que llegan a ser interdependientes, pudiendo calificarse de subsistemas que se integran en el sistema multinivel que los abarca[52]; desde una visión o perspectiva integradora y plural que permitiría superar los eventuales conflictos derivados de las teorías soberanistas a partir de un paradigma o teoría en el que los centros de poder y legitimación nacional y trasnacional coexisten e interactúan[53]. Sin perjuicio de que tenga sus problemas y límites, como por otro lado ocurre con casi todas las construcciones dogmáticas o teóricas, no es menos cierto que permite una aproximación racional a la compleja realidad jurídica en la que vivimos[54]; además de que –importa señalar– no son teorías que se limitan a lo descriptivo, sino que, al ofrecer pautas de resolución de las situaciones de conflicto, son también prescriptivas, o si se prefiere, normativas[55]. Permiten, superar lo

BALAGUER CALLEJÓN, F., «Constitucionalismo multinivel y derechos fundamentales en la Unión Europea», en: Estudios en homenaje al Profesor Gregorio Peces Barba, vol. 2, Dykinson, Madrid, 2008; y GÓMEZ SÁNCHEZ, Y., Constitucionalismo Multinivel. Derechos Fundamentales, 5ª ed., op. cit., pp. 45 y ss.

51. MAYER, F. C y WENDEL, M., «Multilevel Constitutionalism and Constitutional Pluralism», en MATEJ, I., KOMÁREK Y., (ed.), Constitutional Pluralism in the European Union and Beyond, Hart Publishing, Oxford and Portland, 2012, p. 151.

52. Por lo que se puede afirmar que «el *multilevel* puede configurarse como un paradigma autónomo en el arco del proceso de integración europea, dirigido a explicar esta complejidad jurídica, aplicable a los sistemas integrados por subsistemas que, en el constitucionalismo, pueden enlazarse con el federalismo y con la interpretación sistemática», véase FREIXES SANJUÁN, T., «Constitucionalismo multinivel e integración europea», en FREIXES SANJUÁN, T., GÓMEZ SÁNCHEZ, Y., ROVIRA VIÑAS, A. (Dir.), Constitucionalismo Multinivel y relaciones entre Parlamentos: Parlamento europeo, Parlamentos nacionales, Parlamentos regionales con competencias legislativas, CEPC, Madrid, 2011, p. 41.

53. Cuando hablamos de posiciones soberanistas hay que realizar cierta precisión. Hay que considerar que frente al modelo pluralista y abierto en el que hoy vivimos, y que las teorías pluralistas del constitucionalismo multinivel o la del pluralismo constitucional tratan de explicar, se ha sustentado la opción de construcción de un orden jerárquico con una norma última, residente ésta en el nivel supranacional, y por tanto europeo, la justificación se basaría en la idea kelseniana de que en todo sistema jurídico existe una norma que fundamenta la validez de las demás, y cuya validez no deriva de ninguna otra norma (*Grundnorm*) esto posibilitaría que el sistema gozara de coherencia interna y unidad, permitiendo una mejor solución de los conflictos entre normas jurídica. Sobre la comparativa entre la visión soberanista y pluralista, véase FABBRINI, F., Fundamental Rights in Europe, Oxford University Press, Oxford, 2015, pp. 15-25.

54. GÓMEZ SÁNCHEZ, Y., Constitucionalismo Multinivel. Derechos Fundamentales, 5ª ed., op. cit., pp. 45 y ss.

55. SARMIENTO, D., El Derecho de la Unión Europea, Marcial Pons, Madrid, 2016, p. 352.

que se ha denominado el espejismo de la separación de ordenamientos[56]; dando cuenta de la realidad de su acoplamiento[57], y permitiendo a su vez la integración de normas y conjuntos normativos, con independencia de su origen, también en un mismo ordenamiento manteniendo a la vez su unidad[58].

En este sentido, la teoría del constitucionalismo multinivel intenta explicar y aprehender la articulación entre las normas procedentes, inicialmente, de diferentes ordenamientos jurídicos, o sistemas normativos, y que terminan formando parte de un mismo ordenamiento jurídico, este complejo, formado por niveles o subsistemas, que cobra importancia para lo que nos interesa, cuando se trata del reconocimiento y protección de los derechos y libertades, como ocurre en ese caso, en el ordenamiento jurídico español, en el que coexisten derechos y libertades reconocidos en diferentes orígenes y niveles (interno, supranacional –Unión Europea–, e internacional), planteando desafíos de articulación[59], en especial entre el nivel interno y el de la Unión Europea, sobre todo tras el Tratado de Lisboa que ha abierto un nuevo horizonte constitucional[60].

Así, la aplicación del constitucionalismo multinivel, del análisis o enfoque multinivel al reconocimiento y protección de derechos permite, como bien dice GÓMEZ SÁNCHEZ «conocer la real situación de los derechos en un ordenamiento jurídico integrado por diferentes niveles»[61], lo que no puede llevar a desconocer las características específicas de cada nivel como dice BALAGUER CALLEJÓN[62], que también son dignos de estudiar.

Sin embargo, el principal riesgo del constitucionalismo multinivel, como del pluralismo constitucional, de las teorías pluralistas en general, en particular en lo referente a

---

56. BORRAJO INIESTA, I. «Las fricciones jurisdiccionales en la cooperación prejudicial: los tribunales constitucionales ante el Derecho Comunitario», en: La articulación entre el Derecho comunitario y los Derechos nacionales: algunas zonas de fricción, Estudios de Derecho Judicial, núm. 95 (2006).

57. PINON, S., «El derecho constitucional europeo, ¿una disciplina autónoma?», Revista de Derecho Constitucional Europeo, núm. 13 (2010), p. 270.

58. GÓMEZ SÁNCHEZ, Y., y ELÍAS MÉNDEZ, C., Derecho Constitucional Europeo, Aranzadi, Madrid, 2020, pp. 28 y 29.

59. Como indica MUÑOZ MACHADO se han establecido tres niveles de protección de los derechos fundamentales en la UE, con diferentes intérpretes específicos, y existen dificultades de relación entre los distintos órdenes jurisdiccionales que permitan articular los tres niveles de un modo que se aseguren protecciones equivalentes. Véase MUÑOZ MACHADO, S., «Los tres niveles de garantías de los derechos fundamentales en la Unión Europea: problemas de articulación», Revista de Derecho Comunitario Europeo, núm. 50 (2015), pp. 195-196.

60. SARRIÓN ESTEVE, J. «El nuevo horizonte constitucional para la Unión Europea: a propósito de la entrada en vigor del Tratado de Lisboa y la Carta de Derechos Fundamentales», CEFLegal: Revista Práctica del Derecho, núm. 121 (2011), pp. 53-102.

61. GÓMEZ SÁNCHEZ, Y., Constitucionalismo Multinivel. Derechos Fundamentales, 5ª edición, op. cit., pp. 47-49.

62. BALAGUER CALLEJÓN, F., «Constitucionalismo multinivel y derechos fundamentales en la Unión Europea», en: Estudios en homenaje al Profesor Gregorio Peces Barba, vol. 2, Dykinson, Madrid, 2008, p. 134.

la tutela de los derechos y libertades es que requiere, para un adecuado funcionamiento de un sano diálogo entre las Cortes o los Tribunales de los diferentes sistemas.

Sin embargo, la existencia de este necesario diálogo no se puede asumir como una realidad jurídica previa a la teoría, es más bien una necesidad de ésta, pero el mismo podría no producirse, o de hacerlo ser infructuoso, dificultando, si no impidiendo, desde planteamientos soberanistas, la efectividad de los planteamientos pluralistas. del constitucionalismo multinivel y de otras teorías pluralistas. Pero en el modelo pluralista dominante, en el que hoy parece que vivimos, el riesgo es que se oculte un conflicto entre sistemas legales[63]; y ese conflicto se puede manifestar tanto por cierta tendencia de homogeneización centralizadora, como también centrífuga.

Por un lado, desde la perspectiva de homogenización, el riesgo puede deberse a la falta de un respeto y consideración a la diversidad constitucional y jurídico-cultural de los sistemas nacionales o internos de los Estados miembros, al imponerse una tendencia homogeneizadora de los elementos mayoritarios concurrentes[64], una especie de expansión federalizante en la concepción, reconocimiento y protección de los derechos y libertades, con la utilización de los principios constitucionales de autonomía, efecto directo, primacía, e interpretación conforme que, además, posibilitan o permiten dotar de efectividad al propio ordenamiento jurídico de la Unión, y a los derechos que el mismo reconoce;[65] con los desafíos que esta efectividad plantea, desde la perspectiva de una expansión del campo de aplicación de los derechos reconocidos en el Derecho de la UE cuando no se corresponden con los valores y derechos asentados en las Constituciones internas[66].

Y sin embargo, la efectividad de los derechos y libertades reconocidos en el Derecho de la Unión Europea, esto es, que se cumpla su función, va a depender en gran manera, de esta relación entre ordenamientos, así como de la *autoritas* del Tribunal de Justicia de la Unión Europea, como máximo intérprete del Derecho de la Unión, y de su recepción en los ordenamientos jurídicos de los Estados miembros.

---

63. LUCIANI, M., «Costituzionalismo irenico e costituzionalismi polemico», Giurisprudenza costituzionale núm. 51 (2006), pp. 1644-1669.

64. CARTABIA, M., «Europe and Rights: Taking Dialogue Seriously», European Constitutional Law Review, núm. 5 (2009), pp. 5-31.

65. Véase las Sentencias del Tribunal de Justicia de 5 de febrero de 1963, *Van Gend &Loos*, C-26/62, EU:C:1963:1; de 15 de julio de 1964, *Costa*, C-6/64, EU:C:1964:66; de 13 de diciembre de 1990, *Marleasing*, C-106/89, EU:C:1990:395.

66. Sobre estas posibles tiranteces y desafíos, véase MIGUEL BÁRCENA, J., «Justicia constitucional e integración supranacional: cooperación y conflicto en el marco del constitucionalismo pluralista europeo», Revista Iberoamericana de Derecho Procesal Constitucional, núm. 9 (2008), pp. 85-116; SARRIÓN ESTEVE, J., «Los conflictos entre libertades económicas y derechos fundamentales en la jurisprudencia del Tribunal de Justicia de la Unión Europea», Revista de Derecho Político, núm. 81 (2011), pp. 379-412.

2

EL PAPEL DEL TRIBUNAL DE JUSTICIA DE LA UNIÓN EUROPEA EN LA INTEGRACIÓN SUPRANACIONAL EUROPEA TRAS SU 70º ANIVERSARIO

El papel protagonista del Tribunal de Justicia de la Unión Europea, y en particular del Tribunal de Justicia, como actor del proceso de integración europea es indudable. Quizá debemos aprovechar que apenas acabamos de superar su 70º aniversario para detenernos en este papel fundamental, en especial desde la perspectiva de la tutela de los derechos y libertades.

1. DE LA CONSTITUCIONALIZACIÓN DEL DERECHO COMUNITARIO A LA PROTECCIÓN DE LOS DERECHOS FUNDAMENTALES COMO PRINCIPIOS GENERALES

Como ya hemos anticipado, antes del Tratado de Lisboa, el Tribunal de Justicia[67] ya se había preocupado de desarrollar una importante tutela de los derechos y libertades, como principios generales, a través de su jurisprudencia.

---

67. El antiguo Tribunal de Justicia de las Comunidades Europeas pasa con el Tratado de Lisboa a denominarse Tribunal de Justicia de la Unión Europea, y está formado por tres órganos: el Tribunal de Justicia, el Tribunal General (antiguo Tribunal de Primera Instancia), y los tribunales especializados (antiguas salas jurisdiccionales, si bien ahora mismo, tras la integración del Tribunal de la Función Pública en el Tribunal General no hay ningún tribunal especializado); sin embargo es importante señalar que hasta la creación del del Tribunal de Primera instancia en 1988, el Tribunal de Justicia de las Comunidades Europeas era un único órgano. Sobre esta evolución, véase ALONSO GARCÍA, R., *Las sentencias básicas del Tribunal de Justicia de la Unión Europea*, 5ª edición, Civitas, Madrid, 2014, pp. 18-19.

Sin embargo, es importante indicar que esto lo hizo unido a la propia constitucionalización del entonces Derecho comunitario[68], a través de los conocidos principios de autonomía, efecto directo y primacía[69], que constituiría así un ordenamiento jurídico propio, autónomo y, por tanto, diferente de los ordenamientos o sistemas jurídicos de los Estados miembros, en los que se integra, vinculando a los Estados miembros a través de las obligaciones derivadas, así como de los derechos atribuidos a los particulares. Así, al Tribunal de Justicia señala que la legislación comunitaria, al igual que crea obligaciones a cargo de los particulares, también genera derechos que se incorporan a su patrimonio jurídico, a lo que diríamos sería su estatus jurídico, y que pueden reclamar frente al Estado[70].

Además, a partir de *Stauder* (1965)[71] es cuando el Tribunal de Justicia reconoce de forma más explícita que los derechos fundamentales forman parte de los principios generales del Derecho comunitario, y en *Internationale Handelsgesellschaft* (1970)[72] proclama que la protección de estos, inspirada en las tradiciones constituciones comunes de los Estados miembros, debe garantizarse en el marco de la estructura y de los objetivos de la entonces Comunidad Europea.

De forma que, desde un primer momento, podemos decir que el Tribunal de Justicia comienza a introducir una configuración autónoma y diferencial de la protección de los derechos fundamentales en el seno comunitario vinculada, eso sí, a los propios objetivos y estructura comunitaria, independiente por tanto de los sistemas constitucionales nacionales, para lo que es básico la utilización de ese «comodín» de los principios generales[73].

---

68. En efecto, el Tribunal de Justicia llevó a cabo un proceso de constitucionalización del Derecho comunitario a través de la proclamación de los principios de autonomía, efecto directo, y primacía (véase Sentencias del Tribunal de Justicia *Van Gend &Loos* (1963), y *Costa* (1964), ambas ya citadas), que culmina con la atribución del carácter constitucional a los tratados constitutivos (en particular, al Tratado de la Comunidad Económica Europea, Sentencia del Tribunal de Justicia de 23 de abril de 1986, *Los Verdes c. Parlamento*, 294/83, EU:C:1986:166. Sobre esta cuestión puede verse mi primera aproximación en SARRIÓN ESTEVE, J., «La constitucionalización sustantiva del Derecho Comunitario y sistema de fuentes», Revista General de Legislación y Jurisprudencia, núm. 4 (2007), pp. 631-646, la posterior en Sobre esta jurisprudencia tuteladora de los derechos fundamentales, y en extenso sobre la posición que adquiere el Tribunal de Justicia de la Unión Europea, remito a SARRIÓN ESTEVE, J., El Tribunal de Justicia de Luxemburgo como garante de los derechos fundamentales, Dykinson, Madrid, 2013, y el exhaustivo y excelente trabajo de GORDILLO, L., y MARTINICO, G., Historia del país de las hadas. La jurisprudencia constitucionaliza del Tribunal de Justicia, Civitas, Madrid, 2015.

69. Véase sentencias *Van Gend &Loos*, 1963; y Flaminio Costa, 1964, ya citadas.

70. Señala el Tribunal de Justicia que «el Derecho comunitario, autónomo respecto a la legislación de los Estados miembros, al igual que crea obligaciones a cargo de los particulares, está también destinado a generar derechos que se incorporan a su patrimonio jurídico», razonando que los Estados han reconocido al Derecho comunitario una eficacia susceptible de ser invocada por sus ciudadanos, y que la eficacia de las disposiciones comunitarias (efecto directo) abre el paso a su invocabilidad por los particulares frente a las normas nacionales que las pudieran vulnerar. Véase *Van Gend &Loos*, cit.

71. *Erich Stauder*, 29/69, cit.

72. *Internationale Handelsgesellschaft*, 11/70, cit.

73. GORDILLO, L., y MARTINICO, G., Historia del país de las hadas. La jurisprudencia constitucionaliza del Tribunal de Justicia, op. cit., p. 90.

La tarea de consolidar dicho sistema de protección de los derechos fundamentales a través de la categoría de los principios generales del Derecho comunitario era necesaria fundamentalmente por dos motivos, principalmente: en primer lugar, por la inexistencia entonces de una declaración de derechos específica en el ámbito comunitario y, en segundo lugar, por la necesidad de dar respuesta a las preocupaciones que se suscitaban desde las jurisdicciones constitucionales de los Estados miembros, también respecto de la protección de los derechos fundamentales en relación con la primacía[74].

En efecto, si bien podemos considerar que con carácter general se aceptó la primacía del Derecho comunitario, esto no fue óbice para que se plantearan ciertas reservas o límites constitucionales, entendiendo como tales no tanto las reservas o límites formales que pueden existir en los textos constitucionales, sino más bien una doctrina constitucional desarrollada por los tribunales constitucionales o tribunales supremos con función constitucional en algunos Estados miembros para la defensa de los principios del núcleo o corazón de sus respectivas constituciones, de forma que si bien se aceptaría formalmente la primacía del ordenamiento jurídico de la Unión Europea, esta primacía quedaría condicionada a la preservación de estos mínimos principios que formarían el corazón constitucional del ordenamiento.

El origen de esta doctrina es bien conocido, debiendo buscarla en Italia y en Alemania, donde a diferencia del resto de Estados fundadores, sus respectivos Tribunales constitucionales buscaron los recursos constitucionales necesarios para reconocer la primacía del Derecho comunitario, pero limitando su operatividad a través de los «contralímites» o las reservas constitucionales[75].

Doctrina que, como también es sabido, ha sido desconocida por el Tribunal de Justicia, que siempre ha mantenido que no cabe que los derechos fundamentales, tal y como se formulan en las constituciones internas, u otros principios constitucionales, puedan

---

74. Es conocido que los Tribunales constitucionales, especialmente el italiano y el alemán, pusieron de manifiesto ciertas resistencias frente al principio de primacía proclamado por el Tribunal de Justicia, Véase SARRIÓN ESTEVE, J., «En búsqueda de los límites constitucionales a la integración europea»,. Para un desarrollo de esta tendencia jurisprudencial, véase el trabajo, cuyos planteamientos seguimos aquí SARRIÓN ESTEVE, J., Los límites a la integración europea en la doctrina constitucional, op. cit., 2020.

75. No obstante, debemos señalar que el análisis de esta doctrina siempre es difícil al tratarse de un análisis jurisprudencial que puede variar de forma dinámica tanto como consecuencia de una evolución jurisprudencial como debido a alguna modificación en el texto constitucional. En trabajos previos he estudiado el origen y desarrollo de esta doctrina. Así, en SARRIÓN ESTEVE, «En búsqueda de los límites constitucionales a la integración europea», op. cit., se identifica el origen y desarrollo de la doctrina de los límites constitucionales siguiendo el ejemplo de Italia y Alemania, en países como Bélgica, Irlanda, España, Dinamarca, Reino Unido (que aún formaba parte UE), Francia, Polonia, Chipre, y la República Checa. Hoy habría que prescindir de alguno de estos casos, incluyendo a Chipre por una modificación constitucional, y añadir otros casos como el de Hungría. En trabajos posteriores he estudiado, de forma comparada, el desarrollo de esta doctrina, véase SARRIÓN ESTEVE, J., Los límites constitucionales a la integración europea en la doctrina constitucional, op. cit.; y el más reciente «El retorno de los límites constitucionales a la primacía: A propósito del reciente rugido del guardián de la Constitución alemana», Revista de Derecho constitucional europeo, núm. 34 (2020).

ser alegados como parámetro de validez de las normas o disposiciones del Derecho comunitario o el del hoy Derecho de la UE, así desde *Costa* (1964)[76].

Esta jurisprudencia, casuística, de tutela –o tuteladora– de los derechos fundamentales[77] desarrollada por el Tribunal de Justicia está inspirada en las tradiciones constitucionales comunes de los Estados miembros, así como también en los instrumentos convencionales relativos a la protección de los derechos humanos en los que los Estados miembros se hubieran adherido o con los que hubieran cooperado, conforme queda asentado en las sentencias *Nold* (1974)[78] y *Hauer* (1979),[79] y que serviría para controlar tanto la actuación de las instituciones como la de los Estados miembros en el marco del Derecho comunitario, *Wachauf* (1989)[80]; es decir que el Tribunal de Justicia puede llegar a controlar la compatibilidad de medidas nacionales en relación los derechos fundamentales tal y como los garantiza el Tribunal de Justicia, cuando las mismas estén afectadas o entran dentro del ámbito del Derecho comunitario.

Esta doctrina jurisprudencial motivó que se pudiera considerar al Tribunal de Justicia como un garante de los derechos fundamentales con rasgos constitucionales, propios de un tribunal constitucional[81], protegiendo –de forma pretoriana– o analizando casos donde quedaban afectados derechos tales como el principio de igualdad ya en *Klökner Werke* (1962)[82], el principio *ne bis in idem* en Gutmann (1967)[83], la dignidad humana en *Casagrande* (1974)[84], el principio de no discriminación en *Defrenne c. SABENA* (1976)[85], la libertad de religión y creencias en *Prais* (1976)[86], el derecho a la no retroactividad de las normas sancionadoras o desfavorables, en la sentencia *Racke* (1979)[87],

---

76. Sentencia *Costa* (1963), ya citada. Este planteamiento se mantiene en la actualidad, con pocos matices, como veremos, a pesar de los retos que planteaba la Carta de Derechos Fundamentales de la Unión Europea.

77. Puede verse un análisis de las etapas y evolución de la tutela ejercida por el Tribunal de Justicia de la Unión Europea en SARRIÓN ESTEVE, J., El Tribunal de Justicia de Luxemburgo como garante de los derechos fundamentales, op. cit., pp. 36 y ss.

78. Sentencia del Tribunal de Justicia de 14 de mayo de 1974, *Nold*, C-4/73, EU:C: 1974:51.

79. Sentencia del Tribunal de Justicia de 13 de diciembre de 1979, *Hauer*, C-44/79, EU: C:1979:290.

80. Sentencia del Tribunal de Justicia de 13 de julio de 1989, *Wachauf*, C-5/88, EU:C:1989:321.

81. Véase SARRIÓN ESTEVE, J., El Tribunal de Justicia de Luxemburgo como garante de los derechos fundamentales, Dykinson, op. cit.

82. Sentencia del Tribunal de Justicia de 13 de julio de 1962, *Klöckner-Werke* AG y otros/Alta Autoridad, asuntos acumulados C-17/61 y 20/61, EU:C:1962:30.

83. Sentencia del Tribunal de Justicia (Sala Primera) de 15 de marzo de 1967, *Gutmann c. Commission de la CEEA*, C-18/65, EU:C:1967:6.

84. Sentencia del Tribunal de Justicia de 3 de julio de 1974, *Casagrande c. Landeshauptstadt München*, C-9/74, EU:C:1974:74.

85. Sentencia del Tribunal de Justicia de 8 de abril de 1976, *Defrenne c. SABENA*, C-43/75, EU:C: 1976:56.

86. Sentencia del Tribunal de Justicia (Sala Primera) de 27 de octubre de 1976, *Prais c. Consejo*, C-130/75, EU:C:1976:142.

87. Sentencia del Tribunal de Justicia de 25 de enero de 1979, *Racke c. Hauptzollamt Main*, C-98/78, EU:C:1979:14.

el derecho a la propiedad en *Hauer* (1979)[88], el derecho a la tutela judicial en *Pecastaing* (1980)[89], el derecho a la vida privada, familiar y a la inviolabilidad del domicilio en *National Panasonic c. Comision* (1980)[90], el principio de legalidad o de *nulla ponea sine lege* en *Pretore di Salò* (1987)[91], el derecho a la libertad de expresión en *Oyowe y Traore c. Comisión* (1989)[92], el derecho a la vida en *Grogan* (1991)[93], la libertad de asociación en *Bosman* (1995)[94], el derecho al reagrupamiento familiar, en la sentencia *Kadiman* (1997)[95], el derecho a un juicio o proceso justo en la sentencia *Baustahlegwebe* (1998)[96].

2. LA CARTA DE DERECHOS FUNDAMENTALES DE LA UNIÓN EUROPEA

La aprobación de la Carta de Derechos Fundamentales de la Unión Europea (CDFUE) en el año 2000 es determinante en el proceso de integración, y también para el papel del propio Tribunal, pues muy pronto, desde la elaboración del texto, comienza a ser considerada por los Abogados Generales en sus conclusiones primero, y posteriormente empieza a ser citada por el Tribunal General, así desde la sentencia *Mannesmannröhren* (2001)[97].

El Tribunal de Justicia se retrasó algo más en hacer referencia a la misma, pero finalmente ocurre con ocasión de la sentencia *Parlamento c. Consejo* (2006), en la que se hace énfasis en que si bien la CDFUE no era aún un instrumento legal vinculante, se reconoce su importancia para reafirmar los derechos ya reconocidos en el Derecho de la Unión[98]. Posteriormente, el Tribunal de Justicia vuelve a utilizar la

---

88. Sentencia del Tribunal de Justicia de 13 de diciembre de 1979, *Hauer c. Land Rheinland-Pfalz*, C-44/79.

89. Sentencia del Tribunal de Justicia de 5 de marzo de 1980, *Pecastaing c. Estado belga*, C-98/79, EU:C:1980:69.

90. Sentencia del Tribunal de Justicia de 26 de junio de 1980, *National Panasonic c. Comisión*, C-136/79, EU:C:1980:169.

91. Sentencia del Tribunal de Justicia (Sala Cuarta) de 26 de septiembre de 1996.

92. Sentencia del Tribunal de Justicia (Sala Segunda) de 13 de diciembre de 1989, *Oyowe y Traore c. Comisión*, C-100/88, EU:C:1989:638.

93. Sentencia del Tribunal de Justicia de 4 de octubre de 1991, *Society for the Protection of Unborn Children Ireland c. Grogan y otros*, C-159/90, EU:C:1991:378.

94. Sentencia del Tribunal de Justicia de 15 de diciembre de 1995, *Union royale belge des sociétés de football association y otros c. Bosman y otros*, C-415/93, EU:C:1995:463.

95. Sentencia del Tribunal de Justicia (Sala Sexta) de 17 de abril de 1997, *Kadiman c. Freistaat Bayern*, C-351/95, EU:C:1997:205.

96. Sentencia del Tribunal de Justicia de 17 de diciembre de 1998, *Baustahlgewebe c. Comisión*, C-185/95 P, EU:C:1998:608.

97. Sentencia del Tribunal de Primera Instancia (Sala Primera ampliada) de 20 de febrero de 2001, *Mannesmannröhren-Werke c. Comisión*, T-112/98, EU:T:2001:61.

98. Sentencia del Tribunal de Justicia (Gran Sala) de 27 de junio de 2006, *Parlamento c. Consejo*, C-540/03, EU:C:2006:429, apartados 38 y 58.

Carta en la sentencia *Promusicae* (2008)[99]. Como se ha dicho muy elocuentemente, la Carta permitió que los derechos fueran más visibles para todos, de forma que facilitó su invocacón por parte de los ciudadanos europeos en los procesos judiciales[100]. Y, más tarde la atribución a la Carta, por parte del Tratado de Lisboa, de fuerza jurídica equivalente a Tratado (art. 6 TUE) refuerza sin duda la posición del Tribunal de Justicia de la Unión como garante de los derechos fundamentales, y el propio desarrollo y configuración de un sistema autónomo de protección de derechos fundamentales de la Unión Europea.

Por ello, podemos considerar que la Carta constituye un punto de inflexión importante para la jurisprudencia del Tribunal de Justicia de la Unión, pudiendo hablar de la existencia de dos fases fundamentales en la jurisdicción del Tribunal en materia de tutela de derechos y libertades, antes y después de la Carta[101].

Sin embargo, antes de entrar en la cuestión del desarrollo y configuración del sistema de protección de derechos fundamentales en la Unión Europea, tras la adquisición de fuerza jurídica equivalente a Tratado en Lisboa, es conveniente realizar un pequeño recordatorio de los antecedentes de la Carta y el objetivo de formalizar, positivizar o poner por escrito, un catálogo de derechos y libertades en la Unión Europea.

La idea de elaborar un texto, un catálogo o carta de derechos y libertades parte de la decisión en el Consejo Europeo de Colonia de 1999, que tiene en consideración el estado de progreso en la evolución de la integración europea. Se pretendía dar más relevancia a la protección de los derechos fundamentales, poniéndolos por escrito, aunque ya se reconocieran en la práctica jurisprudencial del Tribunal de Justicia; pero había interés en positivizar y formalizar la protección de los derechos y libertades en un texto propio, visto que el camino hacia una adhesión al Convenio Europeo de Derechos Humanos se había truncado con ocasión del Dictamen del Tribunal de Justicia que determinó que la Comunidad carecía de competencia en esos momentos para proceder a la adhesión[102], además de que quizá cierta desconfianza hacia una «jurisprudencia pretoriana» nunca había desaparecido del todo, y la vinculación a uno u otro texto siempre se consideró una opción más segura[103].

---

99. Sentencia del Tribunal de Justicia (Gran Sala) de 29 de enero de 2008, *Promusicae*, C-275/06, EU:C:2008:54.

100. WALKILA, S., Horizontal Effect of Fundamental Rights in EU law, Europa Law Publishing, Gronigen/Ampsterdam, 2015, p. 89.

101. SARRIÓN ESTEVE, J., El reconocimiento y protección de los derechos y libertades en un mundo en transformación ¿Hacia un nuevo paradigma constitucional?, op. cit., p. 154.

102. Véase Dictamen del Tribunal de Justicia de 28 de marzo de 1996, 2/94.

103. Cabe considerar que el objetivo de formalización y positivación de los derechos y libertades en la Unión Europea acabó encontrando su propio camino, a pesar de este tropiezo, aunque fue sin duda largo, tanto en la forma de catálogo propio (la Carta), ya conseguido, como con la atribución de la competencia para realizar la adhesión antes negada, a través de un mandato de positivo de adhesión al Convenio Europeo de Derechos Humanos (art. 6.2 TUE), que sin embargo está por realizar, dadas las limitaciones que el Tribunal de Justicia impuso con ocasión del Dictamen del Tribunal de Justicia de 18 de diciembre de 2014, 2/13.

Este texto debía incluir los derechos y libertades del Convenio Europeo de Derechos Humanos y también los resultantes de las tradiciones constitucionales comunes de los Estados miembros (bases de la jurisprudencia tuteladora del Tribunal de Justicia de los derechos y libertades como principios generales de Derecho europeo), tendiendo en cuenta también los derechos económicos y sociales de la Carta Social Europea, y la Carta comunitaria de los derechos sociales fundamentales de los trabajadores. Esta decisión se confirmó en el Consejo Europeo de Tampere de 10 y 11 de noviembre de 1999, que acordó la composición del órgano, la Convención que redactaría la Carta, y que es la que presentó el furto de su trabajo al Consejo Europeo de Biarritz, de 13 y 14 de octubre de 2000, aunque pospuso su proclamación hasta el Consejo Europeo de Niza, el 7 de diciembre de 2000, donde fue proclamada. Por ello se conoce a la Carta de Derechos Fundamentales de la UE como Carta de Niza.

Ese momento marca un antes y un después, en la medida en que comienza a ser un texto de referencia, y a ser citada, no solo, como hemos visto, por Abogados Generales, Tribunal General, y finalmente Tribunal de Justicia, incluso antes de que adquiriera una fuerza jurídica equivalente a Tratado, sino también por órganos legislativos, tanto el Parlamento Europeo como órganos legislativos regionales o nacionales.

El contenido de la Carta, posteriormente, se incorporó como parte del proyecto por el que se establecía una Constitución para Europa, que finalmente fracasó, como es bien conocido. El texto se actualizó, eliminando las adaptaciones que se habían hecho para su inclusión en el proyecto de Tratado constitucional, proclamándose de forma solemne en Estrasburgo el 12 de diciembre de 2007, un día antes de la firma del Tratado de Lisboa[104], con el que adquiere fuerza jurídica equivalente a Tratado, entrando en vigor como tal en diciembre de 2009.

En España, la Ley Orgánica 1/2008, de 30 de julio, de ratificación del Tratado de Lisboa, formaliza la publicación de la propia Carta, disponiendo su art. 2 que, conforme a lo previsto en el art. 10 CE y en el art. 1.8 del Tratado de Lisboa, «las normas relativas a los derechos fundamentales y a las libertades que la Constitución reconoce se interpretarán también de conformidad con lo dispuesto en la Carta de los Derechos Fundamentales (…)», reproduciendo el texto, y constituyendo una clara vinculación para la interpretación de los derechos y libertades de la Constitución en el ámbito de aplicación del Derecho interno, que vincula tanto a órganos jurisdiccionales españoles como también a las Administraciones Públicas.

Como texto moderno, la Carta incorpora derechos y libertades que corresponden a las distintas generaciones[105], incluyendo derechos civiles y políticos, derechos eco-

---

104. Esta versión de la Carta fue aprobada por el Parlamento europeo el 29 de noviembre de 2007 (P6_TA-prov(2007)0573, A6-0445(2007)), y proclamada y firmada por las tres instituciones, el 12 de diciembre de 2007. Diario Oficial el 14 de diciembre de 2007. (DOUE C 303/01 14.12.2007). La última versión de la CDFUE se ha publicado en 2016, (DO C 202 de 7.6.2016, pp. 389-405), accesible aquí: https://eur-lex.europa.eu/legal-content/ES/TXT/?uri=celex%3A12016P%2FTXT

105. Debemos considerar que es común en la doctrina hacer referencia a la existencia de diversas generaciones de derechos y libertades, desde la perspectiva de su constitucionalización, es decir, de su

nómicos y sociales, así como derechos de última generación vinculados a la biomedicina y algunas innovaciones tecnológicas. Su estructura contiene un Preámbulo y siete capítulos:

El Capítulo I, dedicado a la dignidad incluye: dignidad humana (art.1), derecho a la vida (art. 2), derecho a la integridad de la persona (art. 3), prohibición de la tortura y de las penas o los tratos inhumanos o degradantes (ar. 4), prohibición de la esclavitud y el trabajo forzado (art.5).

El Capítulo II, dedicado a la libertad, incluye: derechos a la libertad y a la seguridad (art.6), el respeto de la vida privada y familiar (art. 7), la protección de los datos de carácter personal (art. 8), el derecho a contraer matrimonio y derecho a fundar una familia (art. 9), la libertad de pensamiento, de conciencia y de religión (art. 10), libertad de expresión e información (art. 11), la libertad de reunión y asociación (art. 12), la libertad de las artes y de las ciencias (art. 13), el derecho a la educación (art. 14), la libertad profesional y el derecho a trabajar (art. 15), la libertad de empresa (art. 16), el derecho a la propiedad (art. 17), el derecho de asilo (art. 18), el derecho a la protección en caso de devolución, expulsión y extradición (art. 19).

El Capítulo III, dedicado a la igualdad, incluye: la igualdad ante la ley (art. 20), la no discriminación (art. 21), la diversidad cultural, religiosa y lingüística (art. 22), la igualdad entre hombres y mujeres (art. 23), los derechos del menor (art. 24), los derechos de las personas mayores (art. 25), el derecho a la integración de las personas discapacitadas (art. 26).

El Capítulo IV, dedicado a la solidaridad, incluye: el derecho a la información y a la consulta de los trabajadores en la empresa (art. 27), el derecho de negociación y de acción colectiva (art. 28), el derecho de acceso a los servicios de colocación (29), la protección en caso de despido injustificado (art. 30), condiciones de trabajo justas y equitativas, (art. 31), la prohibición del trabajo infantil y protección de los jóvenes en el trabajo (art. 32), vida familiar y vida profesional (art. 33), la seguridad social y ayuda social (art. 34), la protección de la salud (art. 35), el acceso a los servicios de interés económico general (art. 36), la protección del medio ambiente (art. 37), y la protección de los consumidores (art. 38).

El Capítulo V, dedicado a la ciudadanía, incluye: el derecho a ser elector y elegible en las elecciones al Parlamento Europeo (art. 39), el derecho a ser elector y elegible en

reconocimiento e incorporación en los textos constitucionales, fruto de las reivindicaciones y de la evolución de la sociedad, y del propio Estado constitucional, comenzando por el Estado liberal, pasando por el Estado social, hasta la configuración del Estado social y democrático de Derecho. Una clasificación muy utilizada es la de tres generaciones, que se corresponderían con los derechos individuales clásicos, civiles y políticos; los derechos económicos, sociales y culturales, y los derechos colectivos. Sin embargo, otras clasificaciones atienden a la existencia de cuatro generaciones, puesto que el Estado liberal acogió las dos primeras generaciones, y el Estado social la tercera y cuarta generación. Sobre la clasificación de los derechos y libertades, atendiendo al momento cronológico de las llamadas distintas generaciones se ha escrito muchísimo. Véase, SARRIÓN ESTEVE, J., El reconocimiento y protección de los derechos y libertades en un mundo en transformación ¿Hacia un nuevo paradigma constitucional?, op. cit., pp. 34 y ss. y bibliografía allí citada.

las elecciones municipales (art. 40), el derecho a una buena administración (art. 41), el derecho de acceso a los documentos (art. 42), el Defensor del Pueblo Europeo (art. 43), el derecho de petición (art. 44), la libertad de circulación y de residencia (art. 45), la protección diplomática y consular (art. 46).

El Capítulo VI, dedicado a la justicia, incluye: el derecho a la tutela judicial efectiva y a un juez imparcial (art. 47), la presunción de inocencia y el derecho de la defensa (art. 48), los principios de legalidad y de proporcionalidad de los delitos y las penas (art. 49), el derecho a no ser acusado o condenado penalmente dos veces por el mismo delito (art. 50).

Y el Capítulo VII de la Carta se dedica a las Disposiciones generales aplicables a la interpretación y aplicación de la Carta, que incluye el ámbito de aplicación (art. 51), el alcance e interpretación de los derechos y principios (art. 52), el nivel de protección (art. 53) y la prohibición del abuso de derecho (art. 54). Este último capítulo es relevante, sin duda, como vamos a ver, en relación con el desarrollo del sistema de protección de derechos fundamentales en la Unión Europea.

Con el Tratado de Lisboa, el sistema autónomo de protección de los derechos fundamentales de base o construcción jurisprudencial, basado en la categoría de los principios generales va a cambiar de forma muy importante tras el Tratado de Lisboa, pues éste introduce una nueva configuración de la protección de los derechos fundamentales a partir del art. 6 TUE, aunque mantiene como fuente el sistema jurisprudencial basado en la categoría de principios generales.

En efecto, como hemos dicho antes, en el capítulo anterior, del art. 6 TUE se puede deducir una configuración de la protección de los derechos fundamentales con tres fuentes de reconocimiento de los derechos y libertades en el ordenamiento jurídico de la Unión Europea, en el sistema de protección de derechos fundamentales del mismo, tal y como queda configurado tras el Tratado de Lisboa. La primera fuente la constituye el reconocimiento de los derechos, libertades y principios de la Carta de Derechos Fundamentales (art. 6.1); la segunda el reconocimiento de los derechos fundamentales que garantiza el CEDH (art. 6.3); y la tercera la del reconocimiento de los derechos que son fruto de las tradiciones constitucionales comunes a los Estados miembros (art. 6.3), que no de los derechos reconocidos en todas y cada una de las Constituciones de los Estados miembros. Además, es importante considerar que tanto los derechos garantizados por el CECH, como los que son fruto de las tradiciones constitucionales comunes de los Estados miembros, formarán parte del Derecho de la Unión como principios generales (art. 6.3 TUE), lo que no deja de constituir una positivización de la jurisprudencia tuneladora del Tribunal de Justicia o, en otras palabras, que a pesar de las suspicacias que pudiera generar la jurisprudencia pretoriana del Tribunal de Justicia, el Tratado de Lisboa abre la puerta a su mantenimiento[106].

---

106. Además, como también hemos apuntado con antelación, existe la posibilidad de reconocimiento de nuevos derechos vía jurisprudencial, no solo a través de la interpretación de la Carta, sino al margen de la misma, es decir, bien sea derivados del CEDH y de la jurisprudencia del Tribunal Europeo de Derechos Humanos (TEDH) que sean recogidos posteriormente por el Tribunal de Justicia, o de las

3. ÁMBITOS DE APLICACIÓN DE LA CARTA DE DERECHOS FUNDAMENTALES, DEL SISTEMA DE PROTECCIÓN DE DERECHOS Y DEL DERECHO DE LA UNIÓN EUROPEA

El ámbito de aplicación de la Carta está regulado en el artículo 51 de la misma, que establece que las disposiciones «están dirigidas a las instituciones, órganos y organismos de la Unión, dentro del respeto del principio de subsidiariedad, así como a los Estados miembros únicamente cuando apliquen el Derecho de la Unión» de forma que «éstos respetarán los derechos, observarán los principios y promoverán su aplicación, con arreglo a sus respectivas competencias y dentro de los límites de las competencias que los Tratados atribuyen a la Unión» (art. 51.1 CDFUE); sin que la misma suponga un ampliación del ámbito de aplicación del Derecho de la UE más allá de las competencias de la Unión, no creando ninguna competencia o misión nueva para la Unión, ni modificando las competencias o misiones definidas en los Tratados (art. 51.2 CDFUE), que es conforme con lo previsto en el art. 5.2 TUE, que establece el principio de atribución de competencias o principio de competencia.

Por tanto, cabe decir que el ámbito de aplicación de la CDFUE es el ámbito de aplicación del Derecho de la Unión (ordenamiento jurídico de la UE), si estamos dentro del ámbito de aplicación del Derecho de la UE estaremos dentro del ámbito de aplicación de la Carta, es decir, el Derecho de la UE llama a la aplicación de la Carta.

El ámbito de aplicación del Derecho de la UE incluye cuatro aspectos o dimensiones (territorial, temporal, personal y material)[107].

Desde el punto de vista de la dimensión territorial, el territorio de los Estados miembros y de los territorios de ultramar (arts. 52 TUE, y 355 TFUE)[108]. Aunque es importante resaltar el posible efecto extraterritorial del Derecho de la Unión, con ciertas limitaciones[109]. También incluye, en la dimensión temporal (*ratione temporis*), desde la fecha de adhesión del Estado miembro sin perjuicio de las eventuales disposiciones

---

tradiciones constitucionales comunes de los Estados miembros conforme evolucionen y permitan el reconocimiento de nuevos derechos por parte del Tribunal de Justicia.

107. Vid. WALKILA, S., Horizontal Effect of Fundamental Rights in EU law, pp. 104-105.

108. No obstante, tanto el art. 355 TFUE como los Tratados de adhesión de algunos Estados establecen algunos regímenes especiales por razón de la dependencia o vinculación con algunos Estados miembros. Véase SARMIENTO, D., El Derecho de la Unión Europea, 4ª edición, Marcial Pons, Madrid, 2022, pp. 81-82.

109. Como señala SARMIENTO, D., El Derecho de la Unión Europea, 4ª edición, Marcial Pons, Madrid, 2022, pp. 81-82. En lo que aquí interesa, así ocurre, por ejemplo, en materia de protección de la privacidad y los datos de carácter personal, pudiéndose exigir a empresas situadas fuera del territorio de la Unión ciertas conductas, cuando se proyectan en el territorio de la Unión y, en particular, en los derechos fundamentales y su nivel de protección en la Unión, con ciertos límites. Véase Sentencias del Tribunal de Justicia (Gran Sala) de 13 de mayo de 2014, *Google Spain y Google*, C-131/12, EU:C:2014:317; de 6 de octubre de 2015, *Schrems*, C-362/14, EU:C:2015:650; y de 24 de septiembre de 2019, *Google (Alcance territorial del derecho a la retirada de enlaces)*, C-507/17, EU:C:2019:772). Sobre esta cuestión, véase también SARRIÓN ESTEVE, J. «El alcance territorial de una sentencia que no tenemos derecho a olvidar: una particular aproximación a Google Spain», CEFLegal: Revista Práctica del Derecho, núm. 184 (2016), pp. 53-72; TORRALBA, E., «Reflexiones

transitorias (art. 351 TFUE)[110]. En el aspecto personal (*ratione personae*) y si bien en principio son los ciudadanos los titulares plenos de los derechos y obligaciones del Derecho de la Unión (art. 20 TFUE) algunos derechos y obligaciones se extienden a otras personas por parte del Tribunal de Justicia[111], ya sea trabajadores, consumidores, y en algunos casos, para ciertos derechos y libertades, todos; pudiendo afirmar que el Derecho de la UE, y en particular el Tribunal de Justicia, ha ido configurando el estatus de las personas en relación con los derechos y obligaciones reconocidos o derivados del ordenamiento jurídico de la UE[112]. En el aspecto material (*ratione materiae*), que WALKILA considera el central, no es solo que la materia sea competencia de la Unión, que está incluido, sino que parece ser suficiente con que el Estado miembro haya dispuesto de la posibilidad de actuar de conformidad con el Derecho de la Unión, haya afectado un interés de la Unión o bien haya socavado una norma o acto de Derecho de la UE[113].

La llamada que hace una situación que recae dentro del ámbito de aplicación del Derecho de la Unión a la aplicación de la Carta no excluye que sea posible también la aplicación de otras fuentes de protección de los derechos fundamentales[114], es decir, que cando estamos dentro del ámbito de aplicación del Derecho de la UE, estamos dentro del ámbito de aplicación del sistema de protección de derechos fundamentales de la UE y, por tanto, cabe la aplicación tanto de la Carta como de otras fuentes de protección de los derechos de la UE, incluyendo la de la protección de los derechos y libertades como principios generales del Derecho de la UE, es decir, de los derechos fundamentales que garantiza el CEDH, y aquellos que son fruto de las tradiciones constitucionales comunes a los Estados miembros (art. 6.3 TUE); así como también, en su caso, los derechos fundamentales reconocidos en las Constituciones de los Estados miembros, si bien en este último caso condicionado a que el Derecho de la UE aplicable, en cuyo ámbito de aplicación nos encontramos, permita esta aplicación y siempre que no afecte al nivel de protección de la Carta, ni a la primacía, unidad y efectividad

---

sobre el alcance territorial del derecho al olvido», Cuadernos de Derecho Transnacional, vol. 13, núm. 2, (2021), DOI: https://doi.org/10.20318/cdt.2021.6271, pp. 575-593.

110. Véase Sentencia del Tribunal de Justicia (Sala Sexta) de 2 de octubre de 1997, *Saldanha y MTS Securities Corporation/Hiross*, C-122/96, EU:C:1997:458, 12-14. Y ello sin perjuicio de la obligación de que las situaciones y normas anteriores se adapten al Derecho de la UE.

111. WALKILA, S., Horizontal Effect of Fundamental Rights in EU law, p. 105.

112. En este sentido, vid. BARTOLINI, A., CIPPITANI, R., COLCELLI, V., Dictionary of Statuses within EU Law, Springer, Cham, 2019, https://doi.org/10.1007/978-3-030-00554-2

113. Véase, respectivamente, Sentencias del Tribunal de Justicia (Sala Quinta) de 25 de noviembre de 1986, *Klensch/Secrétaire d'État*, C-201/85, EU:C:1986:439; de 26 de abril de 1988, *Apesco/Comisión*, C-207/86, EU:C:1988:200; y de 18 de diciembre de 1997, *Garage Molenheide y otros/Belgische Staat*, C-286/94, EU:C:1997:623. Todas ellas citadas por WALKILA, S., Horizontal Effect of Fundamental Rights in EU law, op. cit., p. 105.

114. Sin perjuicio de que, en el ámbito de las fuentes de protección de los derechos fundamentales en la Unión Europea, y dado el carácter avanzado de la Carta y de su contenido, la tendencia del Tribunal de Justicia será la de dar prevalencia a la utilización de la Carta, incluso como instrumento para el reconocimiento de nuevos derechos. Véase SARRIÓN ESTEVE, J., Jurisdicción y Protección de Derechos Fundamentales en la Unión Europea, op. cit. p. 85.

del Derecho de la Unión, de otra forma quedaría excluida la posibilidad de aplicación de los derechos constitucionales, o en caso de disparidad de niveles o estándares de protección, de los mismos[115].

En relación con el ámbito de aplicación de los derechos fundamentales en la UE o, como hemos dicho, del ámbito de aplicación del sistema de protección de derechos en la UE, se evidencia que debe coincidir con el ámbito de aplicación del Derecho de la Unión.

Y si bien mientras que los actos de las instituciones, órganos y organismos de la Unión quedan sujetos con un carácter general, las dudas siempre se han vinculado más bien a la actuación de los Estados miembros que quedaría sujeta; es decir, si únicamente se sujetan las actuaciones de los Estados miembros cuando aplican e implementan Derecho de la Unión Europea (por ejemplo, cuando se aplica un reglamento en un Estado miembro, o cuando se traspone una directiva), o también están sujetas a este ámbito aquellas actuaciones de los Estados miembros en las que si bien no se implementa Derecho de la Unión, el Estado miembro limita o afecta en su actuación a alguna norma o disposición de la Unión, y debería esta actuación respetar (el sistema de protección de) los derechos fundamentales de la Unión Europea.

Cuando el Tribunal de Justicia tuvo que enfrentarse a este dilema, respondió con el desarrollo de dos líneas jurisprudenciales diferentes[116], entendiendo que los Estados miembros están sujetos al respeto de los derechos fundamentales de la UE tanto cuando cuando aplican (desde *Wachauf*, 1989)[117], como también cuando limitan el Derecho comunitario, por ejemplo, invocando un límite o una excepción al mismo dentro de su ámbito de aplicación (desde *Elliniki* o *ERT*, 1991)[118]. La doctrina *Elliniki* implica una ampliación de dicho control a las normas nacionales cuando las mismas recaen dentro del ámbito del Derecho comunitario[119], lo que no solo sucede cuando se traspone e implementa una directiva, sino que se puede extender a cualquier circunstancia en la que se aplique una norma del Derecho de la Unión.

La Carta introduce expresamente la delimitación de su ámbito de aplicación en el art. 51 CDFUE que, recordemos, dispone que las disposiciones «están dirigidas a las instituciones, órganos y organismos de la Unión, dentro del respeto del principio de subsidiariedad», así como a los Estados miembros «únicamente cuando apliquen el Derecho de la Unión» de forma que «éstos respetarán los derechos, observarán los

---

115. Véase Sentencia del Tribunal de Justicia de 26 de febrero de 2013, *Åklagaren c. Åkerberg Fransson*, C-617/10, EU:C:2013:105, apartado 21.

116. SARMIENTO, D., «Who's afraid of the Charter? The Court of Justice, National Courts and the New Framework of Fundamental Rights Protection in Europe», Common Market Law Review, vol.50 (2013), pp. 1275-1277; WALKILA, S., Horizontal Effect of Fundamental Rights in EU law, op. cit., p. 106 y ss.

117. *Wachauf*, C-5/88, ya citada.

118. Sentencia del Tribunal de Justicia de 18 de junio de 1991, *Elliniki,* C-260/89, EU:C:1991:254.

119. BIONDI, A., «Free Trade, a Mountain Road and the Right to Protest: European Economic Freedoms and Fundamental Individual Rights», *European Human Rights Law Review*, núm. 1 (2004), p. 55.

principios y promoverán su aplicación, con arreglo a sus respectivas competencias y dentro de los límites de las competencias que los Tratados atribuyen a la Unión» (art. 51.1 CDFUE).

Así, para las instituciones, órganos y organismos la vinculación es general en su actuación, y deben respetar los derechos fundamentales de la UE[120], también los reconocidos en la Carta, debemos entender que esto será así en la medida en que las actuaciones se situén en el ámbito del Derecho de la UE, existiendo dudas sobre la vinculación de las actuaciones que se situen al margen[121], si bien la jurisprudencia reciente parece sujetar estas actuaciones cuando situándose en un ámbito ajeno al del Derecho de la Unión se conectan o vinculan con el mismo[122].

Para los Estados miembros se limita a «únicamente cuando apliquen el Derecho de la Unión».

Esto, en particular la palabra «únicamente» suscitó cierto debate sobre si debía interpretarse en un sentido estricto[123]. Sin duda teniendo en cuenta la jurisprudencia anterior del Tribunal, y en particular la doctrina *Elliniki*, ya se podía inferir que la interpretación sería más bien amplia, y por tanto no limitada a normas nacionales de implementación o trasposición[124], sino a cualquier situación comprendida en el ámbito de aplicación del Derecho de la Unión, como se constata en *Åkerberg Fransson* (2013)[125]. Una respuesa restrictiva, no obstante, si bien hubiera supuesto un acortamiento de la fuerza de la Carta, no hubiera excluido las acdtuaciones de los Estados, entrando dentro del ámbito de aplicación del Derecho de la Unión, de su sujección al sistema de protección de los derechos fundamentales de la UE, y la protección de los mismos como

---

120. Véase Sentencia del Tribunal de Justicia (Gran Sala) de 3 de septiembre de 2008, *Kadi y Al Barakaat International Foundation c. Consejo y Comisión*, asuntos acumulados C-402/05 P y 415/05 P, EU:C:2008:46, apartados 285 y 304.

121. Aunque es cierto que el art. 51.1 de la Carta no indica que esta actuación de las instituciones, órganos y organismos sea únicamente cuando actúan dentro del ámbito de aplicación del Derecho de la UE, cabe deducir que quedan fuera las actuaciones al margen del Derecho de la UE, como lo ha considerado el Tribunal de Justicia en Sentencia de 27 de noviembre de 2012, *Pringle c. Irlanda*, C-370/12, EU:C:2012:756, referida al Mecanismo Europeo de Estabilidad (MEDE). Esto ha sido duramente criticado por SARMIENTO, entendiendo que así la UE puede acabar adoptando decisiones que impacten sobre la esfera de derechos de los ciudadanos y que no estén sujetos a la protección de derechos, al realizarlo al amparo de acuerdos internacionales fuera del Derecho de la Unión. Vid. SARMIENTO, D., El Derecho de la Unión Europea, 4.ª edición, op. cit., pp. 225-226.

122. Sentencia del Tribunal de Justicia (Gran Sala) de 20 de septiembre de 2016, *Ledra Advertising c. Comisión y BCE*, C– 8/15, EU:C:2016:701, apartado 59. Referencia recogida en SARMIENTO, D., El Derecho de la Unión Europea, 4.ª edición, op. cit., p. 226.

123. Sobre la evolución de la redacción del artículo 51 y como llegó a su versión definitiva, véase WALKILA, S., Horizontal Effect of Fundamental Rights in EU law, op. cit., pp. 112 y ss.

124. Actuaciones que también están sujetas al respeto de los derechos fundamentales de la UE y a la Carta, aunque se trate de supuestos en que los Estados disfruten de una gran discrecionalidad. Véase Sentencia del Tribunal de Justicia (Gran Sala) de 21 de diciembre de 2011, *N. S. y otros*, C-411/10, EU:C:2011:865.

125. *Åkerberg Fransson*, cit., apartado 21.

principios generales (art. 6.3 TUE)[126]. WALKILA cuestiona que, si bien no es clara la relación Carta y principios generales, la aplicación de dos fuentes distintas sería un desafío porque podríamos llegar a tener dos estánderes de protección diferentes para los derechos – el de la Carta y el de los principios generales– y que podría incluso ser conrario al art. 53 CDFUE, que establece que no cabe interpretarla como restrictiva de os derechos fundamentales en la UE[127].

En cualquier caso, no es sencillo precisar cúando se está en el ámbito de aplicación del Derecho de la UE y cuando fuera[128]. Precisar este ámbito de aplicación resulta pues determinante, pero parece que tanto en el caso de los Estados miembros cuando no se limitan a aplicar o implementar Derecho de la UE, como en la actuación de las instituciones, órganos y organismos de la Unión en ámbitos al margen del DUE, se trata de encontrar un criterio de conexión suficiente, lo que lleva, eso sí, a que volvamos a una jurisprudencia tuteladora de carácter pretoriano en lo que respecta a delimitar si estamos o no dentro del ámbito de aplicación del Derecho de la Unión y, por tanto, se aplica el sistema de protección de los derechos fundamentales de la UE y la Carta.[129]

Además, otro desafío es el de la vinculación o eficacia horizontal. En efecto, podemos considerar que, en principio, el art. 51.1 CDFUE vincula a las instituciones, órganos y organismos de la Unión, así como también a los Estados miembros, y no, en principio, a los particulares; lo que implicaría que goza de eficacia vertical, pero no horizontal. Sin embargo, es notorio que la jurisprudencia del Tribunal de Justicia, si bien de forma muy casuística, había reconocido eficacia horizontal a los derechos fundamentales. Por ello, se suscitó una pronta discusión sobre si era posible, adicionalmente la eficacia horizontal de los derechos fundamentales contenidos en la Carta, es decir, sobre la aplicabilidad de la llamada «Drittwirkung»[130].

---

126. Como se deduce de lo que hemos expuesto antes sobre las fuentes del sistema de protección de los derechos fundamentales de la UE, y su ámbito de aplicación. Cfr. LEANERTS, K., Exploring the Limits of the EU Charter of Fundamental Rights, European Constitutional Law Review, núm. 8 (2012), p. 384; WALKILA, S., Horizontal Effect of Fundamental Rights in EU law, op. cit., pp. 118-119.

127. WALKILA, S., Horizontal Effect of Fundamental Rights in EU law, op. cit., p.119.

128. Como apunta SARMIENTO, esto «entraña no pocas dificultades de orden práctico, pues no siempre es fácil esclarecer cuándo un Estado miembro se encuentra aplicando el Derecho de la Unión», SARMIENTO, D., El Derecho de la Unión Europea, 4ª edición, op. cit., p. 228. Cfr. PERARO, C., Diritti fondamentali social e tutela collettiva nell'Unione Europea, Edizione Scientifiche Italiane, Nápoles, 2020, pp. 59 y ss.

129. Vid., entre las más recientes, Sentencia del Tribunal de Justicia (Gran Sala) de 21 de mayo de 2019, *Comisión c. Hungría (Usufructos sobre terrenos agrícolas)*, C-235/17, EU:C:2019:432, apartado 65; Sentencia del Tribunal de Justicia (Gran Sala) de 19 de noviembre de 2019, *TSN*, C-609/17, EU:C:2019:981, apartado 49; Sentencia del Tribunal de Justicia (Gran Sala) de 19 de noviembre de 2019, *A.K. (Independencia de la Sala Disciplinaria del Tribunal Supremo)*, asuntos acumulados C-585/18, C-624/18 y C-625/18, EU:C:2019:982, apartado 78; Auto del Tribunal de Justicia (Sala Novena) de 6 de mayo de 2021, *Administración General del Estado*, C-679/20, EU:C:2021:362, apartado 24.

130. Sobre este tema, ya se ha escrito mucho, véase LECZYKIEWICZ, D., «Horizontal Application of the Charter of Fundamental Rights», European Law Reivew, núm. 38 (2013); WALKILA, S., Horizontal Effect of Fundamental Rights in EU law, op. cit., 174-194; BILBAO UBILLOS, J. M., «La

Como hemos dicho, no podemos obviar que, en efecto, el Tribunal de Justicia, ya tuvo oportunidad de enfrentarse a esta cuestión, sobre la eficacia horizontal de los derechos, con antelación a la existencia de la Carta, y si bien mediante una tutela casuística, reconoció a ciertos derechos eficacia horizontal. Así, por ejemplo, en *Defrenne II* (1976)[131] para tutelar la igualdad frente a situaciones de discriminación por razón de sexo en el ámbito laboral, el caso *Bosman* (1993)[132] para tutelar derechos frente a federaciones deportivas que ejercen funciones equivalentes a las de un poder público; o en los casos *Viking* y *Laval* (ambas de 2007)[133] respecto a la tutela de la acción colectiva[134].

Pues bien, en *Åkerberg Fransson* (2013)[135], el TJUE tiene la oportunidad de pronunciarse y resolver las dudas existentes, determinando claramente que el ámbito de aplicación de la CDFUE en lo referente a los Estados miembros no se circunscribe a las normas nacionales de trasposición, sino que vincula a los Estados miembros cuando actúan en el ámbito del Derecho de la UE, y por tanto vinculará la aplicación de cualquier norma nacional que caiga dentro del ámbito de aplicación del Derecho de la UE, puesto que la aplicabilidad del mismo implica también al de los derechos fundamentales garantizados en la Carta.

---

consolidación dogmática y jurisprudencial de la drittwirkung: una visión de conjunto», *AFDUAM*, núm. 21 (2017), pp. 43-74; CRUZ VILLALÓN, P., «La incidencia de la carta (DFUE) en la confluencia de la eficacia horizontal de los Derechos Fundamentales y la ineficacia horizontal de las directivas: De Kücükdeveci a Dansk Industri», AFDUAM, núm. 21 (2017), pp. 101-120; SARMIENTO, D., «El efecto horizontal de las libertades de circulación de la Unión Europea», AFDUAM, núm. 21 (2017), pp. 122-147; UGARTEMENDÍA ECEIZABARRENA, J. I., «La eficacia entre particulares de la Carta de Derechos Fundamentales de la Unión Europea a la luz de la jurisprudencia del Tribunal de Justicia», Teoría y realidad constitucional, núm. 39 (2017), pp. 361-386; FRANTZIOU, E., «(Most of) the Charter of Fundamental Rights is Horizontally Applicable», European Constitutional Law Review, núm. 15 (2019), pp. 306-323, https://doi.org/10.1017/S1574019619000166; PRECHAL, S., «Horizontal effect of the Charter of Fundamental Rights of the EU», Revista de Derecho Comunitario Europeo, núm. 66 (2020), pp. 407-426, https://doi.org/10.18042/cepc/rdce.66.04; AHUMADA, M., «The Recurring Debate on the Horizontal Effect of Fundamental Rights. Constitutional Approaches», en IZQUIERDO-SANS, C., MARTÍNEZ-CAPDEVILA, C., NOGUEIRA-GUASTAVINO, M. (eds), Fundamental Rights Challenges, Springer, Cham 2021, pp. 3-10, https://doi.org/10.1007/978-3-030-72798-7_1; y UGARTEMENDÍA ECEIZABARRENA, J. I., «The Horizontal Effect of the EU Charter of Fundamental Rights in the Case Law of the Court of Justice», en IZQUIERDO-SANS, C., MARTÍNEZ-CAPDEVILA, C., NOGUEIRA-GUASTAVINO, M. (eds), Fundamental Rights Challenges, Springer, Cham 2021, pp. 11-21, https://doi.org/10.1007/978-3-030-72798-7_2

131. Sentencia del Tribunal de Justicia de 8 de abril de 1976, *Defrenne c. Sabena (2)*, C-43/75, EU:C:1976:56. Para un estudio en profundidad del principio de igualdad en el Derecho de la Unión Europea, vid. ROSSI, L. S., y CASORALI, F. (ed.), *The Principle of Equality in EU Law*, Springer, Cham, 2017.

132. Sentencia del Tribunal de Justicia de 15 de diciembre de 1995, *Bosman*, C-415/93, EU:C:1995:463.

133. Sentencias del Tribunal de Justicia de 11 de diciembre de 2007, *Viking*, C-438/05, EU:C:2007:772, y de 18 de diciembre de 2007, *Laval*, C-341/05, EU:C:2007:809.

134. Sobre estos dos casos, y en general sobre los conflictos entre los derechos sociales y las libertades fundamentales del mercado interno, véase SARRIÓN ESTEVE, J., «Los conflictos entre libertades económicas y derechos fundamentales en la jurisprudencia del Tribunal de Justicia de la Unión Europea», cit.

135. Sentencia del Tribunal de Justicia de 26 de febrero de 2013, *Åklagaren c. Åkerberg Fransson*, C-617/10, EU:C:2013:105, apartado 21.

Esto es importante, porque supone que la Carta de Derechos Fundamentales de la Unión y, por tanto, los derechos no pueden ser objeto de aplicación más allá del ámbito de aplicación del Derecho de la Unión, es decir, es necesario que exista una disposición de Derecho de la Unión aplicable que llame a la aplicación de la Carta, pero, una vez disponemos de una disposición de Derecho de la UE aplicable, estamos en ese ámbito de aplicación, y la Carta puede tener una fuerza expansiva relevante, dado que los derechos contenidos en la Carta son susceptibles de efecto directo incluso horizontal, y aunque la disposición que regula el asunto no pueda per se tener dicho efecto, podría llegar a alcanzarlo a través de la aplicación de la Carta.

Asimismo, y en relación con los límites y la no ampliación de competencias (art. 51.2 CDFUE) es importante señalar, que los recelos sobre lo que podía suponer la aplicación de la Carta motivo la aprobación del Protocolo n.º 30 sobre la aplicación de la Carta de Derechos Fundamentales de la Unión Europea a Polonia y al Reino Unido, que reafirma los límites de la Carta, que se incorpora como anexo al Tratado de la Unión Europea y al Tratado de Funcionamiento de la UE, y que puntualiza que la Carta «no amplia la competencia del Tribunal de Justicia de la Unión Europea ni de ningún otro órgano jurisdiccional de Polonia o del Reino Unido para apreciar que las disposiciones legales o reglamentarias o la disposiciones, prácticas o acciones administrativas de Polonia o del Reino Unido sean incompatibles con los derechos, libertades y principios fundamentales que reafirma (art. 1.1), y se confirma, en particular en relación con el capítulo IV de la Carta (derechos de solidaridad) que no se crean derechos que puedan ser defendidos ante los órganos jurisdiccionales de Polonia o Reino Unido, salvo que los contemplen en su legislación nacional (art. 1.2); y que cuando la Carta haga referencias a legislaciones y prácticas nacionales solo será aplicable a Polonia o reino unido cuando los derechos y principios que contiene se hayan reconocido en la legislación o prácticas de estos países (art. 2).

Por su parte, el artículo 52 se refiere al alcance e interpretación de los derechos garantizados en la Carta. El apartado 1 del artículo 52 establece la protección del contenido esencial de los derechos contenidos en la Carta y los criterios para su limitación disponiendo que «Cualquier limitación del ejercicio de los derechos y libertades reconocidos por la presente Carta deberá ser establecida por la ley y respetar el contenido esencial de dichos derechos y libertades. Dentro del respeto del principio de proporcionalidad, sólo podrán introducirse limitaciones cuando sean necesarias y respondan efectivamente a objetivos de interés general reconocidos por la Unión o a la necesidad de protección de los derechos y libertades de los demás».

Así, cabe entender, atendiendo a la jurisprudencia del Tribunal de Justicia, que cabrán restricciones a los derechos fundamentales siempre que la restricción responda de forma efectiva a objetivos de interés general perseguidos por la Unión, y no constituyan, teniendo en consideración el objetivo perseguido, una intervención desmesurada e intolerable que afecte a la esencia misma del derecho[136].

---

136. Entiende GÓMEZ SÁNCHEZ que por «objetivo general» debemos entender tanto los objetivos establecidos en el art. 2 TUE (dignidad, libertad, democracia, igualdad, Estado de Derecho, respeto de

El apartado 2 del artículo 52 dispone que «(l)os derechos reconocidos por la presente Carta que constituyen disposiciones de los Tratados se ejercerán en las condiciones y dentro de los límites determinados por éstos»; y el apartado 3 que «(e)n la medida en que la presente Carta contenga derechos que correspondan a derechos garantizados por el Convenio Europeo para la Protección de los Derechos Humanos y de las Libertades Fundamentales, su sentido y alcance serán iguales a los que les confiere dicho Convenio. Esta disposición no obstará a que el Derecho de la Unión conceda una protección más extensa»; de forma que se vincula los derechos contenidos en la Carta con el régimen establecido para los mismos cuando están reconocidos en los Tratados; y con el Convenio cuando están reconocidos en el mismo, para que su sentido y alcance sean los mismos que los del Convenio, al menos como estándar mínimo, pudiendo concederse una protección más extensa en el Derecho de la Unión. Por su parte, el apartado 4 del artículo 52 dispone que «(e)n la medida en que la presente Carta reconozca derechos fundamentales resultantes de las tradiciones constitucionales comunes a los Estados miembros, dichos derechos se interpretarán en armonía con las citadas tradiciones», vinculado la interpretación de los derechos que resulten de las tradiciones constitucionales comunes con dichas tradiciones[137].

El apartado 5 del artículo 52 dispone que «(l)as disposiciones de la presente Carta que contengan principios podrán aplicarse mediante actos legislativos y ejecutivos adoptados por las instituciones, órganos y organismos de la Unión, y por actos de los Estados miembros cuando apliquen el Derecho de la Unión, en el ejercicio de sus competencias respectivas. Sólo podrán alegarse ante un órgano jurisdiccional en lo que se refiere a la interpretación y control de la legalidad de dichos actos». Se trata de una limitación para el ejercicio de los derechos configurados como principios y no como auténticos derechos en la Carta, que solo podrán aplicarse mediante actos legislativos y ejecutivos, y también tienen limitado el ser alegables ante la Jurisdicción, en lo concerniente a la interpretación y control de legalidad precisamente de los actos legislativos y ejecutivos que adopten su aplicación. Y el apartado 6 del artículo 52 establece que «(s)e tendrán plenamente en cuenta las legislaciones y prácticas nacionales según lo especificado en la presente Carta»; y el apartado 7 que «(l)as explicaciones elaboradas para guiar en la interpretación de la presente Carta serán tenidas debidamente en cuenta por los órganos jurisdiccionales de la Unión y de los Estados miembros».

Finalmente, el art. 54 CDFUE regula la prohibición del abuso del Derecho, disponiendo que «(N)inguna de las disposiciones de la presente Carta podrá ser interpretada en el sentido de que implique un derecho cualquiera a dedicarse a una actividad o a realizar un acto tendente a la destrucción de los derechos o libertades reconocidos en la presente Carta o a limitaciones más amplias de estos derechos y libertades que las previstas en la presente Carta».

---

los derechos humanos) como también otros objetivos contenidos en los Tratados. Véase GÓMEZ SÁNCHEZ, Y., Constitucionalismo Multinivel. Derechos Fundamentales, 5ª ed., op. cit., p. 100.

137. Y por tanto no hace referencia a los derechos contenidos en las constituciones, sino a los que sean resultantes de tradiciones constitucionales comunes, era una referencia tradicional del Tribunal de Justicia, junto al Convenio Europeo de Derechos Humanos.

Como indica Y. GÓMEZ este artículo se corresponde con la previsión del art 17 CEDH, que está complementada en el Convenio en el artículo 18, donde se establece que las restricciones impuestas a los derechos y libertades no podrán ser aplicadas más que con la finalidad para la que se han previsto; y entiende que el objetivo del precepto en la Carta es impedir que el ejercicio de los derechos «pueda dar cobertura a acciones cuyo fin sea justamente el contrario: impedir el ejercicio libre de cualquier derecho por sus legítimos titulares», de forma que supondría un refuerzo de las garantías de la Carta que cubriría los derechos contenidos en la Carta, entiendo que cubriría también a los principios de la misma[138].

Además, y en relación con la aplicación e implementación de la Carta, cabe decir que, desde la proclamación del texto ésta ha tenido una influencia en las distintas instituciones, pero desde que tiene fuerza jurídica equivalente a Tratado, su efectividad ha ido aumentando.

La Comisión Europea ha asumido un papel protagonista para dotarle de efectividad, elaborando una estrategia para la aplicación efectiva de la Carta, que se contienen en la Comunicación de la Comisión sobre la estrategia para la aplicación de la Carta, de 19 de octubre de 2010, y que tiene como objetivo hacer de la misma un instrumento que permita a las personas disfrutar de los derechos contenidos en la Carta, estableciendo como criterios de actuación el refuerzo de la cultura de los derechos fundamentales en la Comisión, tomar en consideración la Carta en el proceso legislativo, y velar para que los Estados miembros la respeten en la aplicación del Derecho de la UE; adquiriendo, además, la Comisión el compromiso de presentar un informe anual sobre la aplicación de la Carta, que permite realizar un balance e intercambiar opiniones con el Parlamento Europeo y el Consejo[139].

4. SOBRE EL NIVEL DE PROTECCIÓN DE LOS DERECHOS FUNDAMENTALES: LO QUE QUEDA PARA EL ESTÁNDAR DE PROTECCIÓN NACIONAL EN EL ÁMBITO DE APLICACIÓN DEL DERECHO DE LA UE

El nivel de protección de los derechos está recogido en el artículo 53 de la Carta de Derechos Fundamentales de la UE, que dispone:

«Ninguna de las disposiciones de la presente Carta podrá interpretarse como limitativa o lesiva de los derechos humanos y libertades fundamentales reconocidos, en su respectivo ámbito de aplicación, por el Derecho de la Unión, el Derecho internacional y los convenios internacionales de los que son parte la Unión o todos los Estados miembros, y en particular el Convenio Europeo para

---

138. GÓMEZ SÁNCHEZ, Y., Constitucionalismo Multinivel. Derechos Fundamentales, 5ª ed., op. cit., pp. 104-105.
139. Véase GÓMEZ SÁNCHEZ, Y., y ELÍAS MÉNDEZ, C., Derecho Constitucional Europeo, op. cit., pp. 125-128.

la Protección de los Derechos Humanos y de las Libertades Fundamentales, así como por las constituciones de los Estados miembros».

Podemos considerar que la Carta está asumiendo la existencia de al menos tres niveles de protección o estándares: 1) Derecho de la Unión (estándar DUE); 2) Derecho Internacional y convenios internacionales de los que son parte la UE o todos los EEMM, en particular el CEDH (estándar internacional o convencional); y 3) Las Constituciones de los Estados miembros (estándar constitucional, nacional o interno)[140].

De la literalidad del precepto parece desprenderse que la CDFUE no podría suponer una limitación o lesión de los derechos reconocidos en dichos niveles o estándares, sea el estándar DUE (donde la CDFUE como hemos visto no es la única fuente), el internacional o convencional, o el estándar constitucional; siendo también cierto que específica o concreta «en su respectivo ámbito de aplicación», condicionando por tanto la protección de dichos derechos a que estemos dentro del ámbito de aplicación del DUE, el Derecho internacional o convencional, o las Constituciones de los diferentes Estados Miembros[141].

Un sector relevante de la doctrina había planteado que el art. 53 CDFUE constituiría una cláusula de no regresión o una cláusula transversal[142], que podría servir para legitimar un criterio a favor del máximo estándar de protección, y consecuentemente sólo se aplicaría el estándar de protección de la CDFUE en caso de que el mismo garantizara un nivel superior de protección, en cuyo defecto debería aplicarse el estándar mayor (sea el internacional o el constitucional que sea aplicable)[143].

Sin embargo, viene a ser limitado por el TJUE en *Melloni* así como de forma complementaria en *Åkerberg Fransson*, en el sentido de que las autoridades y tribunales nacionales estarán facultadas para aplicar el estándar nacional de protección de derechos, cuando el Derecho de la Unión deje un margen para para su aplicación y siempre que no afecte al nivel de la Carta, ni a la primacía, unidad y efectividad del Derecho

140. Seguimos el planteamiento apuntado ya en SARRIÓN ESTEVE, J., Jurisdicción y Protección de los Derechos Fundamentales en la Unión Europea, op. cit., pp. 86 y ss.

141. Esto plantea un problema de determinación del ámbito de aplicación y, por tanto, nos remite al apartado anterior, porque podría deducirse —y el TJUE es lo que parece estar asumiendo, como vamos a ver— que en el ámbito de aplicación del DUE no se aplican el Derecho Internacional ni las Constituciones nacionales, por lo que no entraría en juego el art. 53 CDFUE; esto implica la asunción de un sistema jurídico cerrado.

142. FREIXES SANJUÁN, T., «Derechos fundamentales en la Unión Europea. Evolución y prospectiva: la construcción de un espacio jurídico europeo de los derechos fundamentales», Revista de Derecho Constitucional Europeo, núm. 4 (2005), pp. 13 y ss.

143. A título ilustrativo, entre otros: ALONSO GARCÍA, R., Sistema Jurídico de la Unión Europea, 2ª edición, Civitas, Madrid, 2010, pp. 312-314; FREIXES SANJUÁN, T., «Derechos fundamentales en la Unión Europea. Evolución y prospectiva: la construcción de un espacio jurídico europeo de los derechos fundamentales», op. cit., pp. 23-26; GÓMEZ SÁNCHEZ, Y., Constitucionalismo Multinivel. Derechos Fundamentales, 5ª ed., op. cit., p. 102. Sobre esta cuestión y problemática se puede ver en extenso mi trabajo SARRIÓN ESTEVE, J., «Sobre la necesidad de buscar el estándar o nivel más alto de protección de los derechos fundamentales en el sistema de tutela multinivel en la Unión Europea», CEFLegal: Revista Práctica del Derecho, núm. 162 (2014), pp. 155-184.

de la Unión, de otra forma quedaría excluida la posibilidad de aplicación del estándar nacional, debiendo aplicar el estándar de la Carta. Hay que considerar, además, que el art. 52, bajo la rúbrica «Alcance e interpretación de los derechos y principios», como hemos dicho antes, vincula la interpretación y alcance de los derechos de la Carta que se correspondan con el CEDH o las tradiciones constitucionales comunes, a dichas fuentes; pero esto es una cuestión distinta[144].

En el interesante y conocido caso Melloni el Tribunal Constitucional español plantea una cuestión prejudicial al TJUE sobre la interpretación del art. 53 CDFU, sobre si es posible la aplicación de un estándar nacional, en este caso el español, cuando proporciona un nivel mayor de protección al derecho a un proceso con todas las garantías –tal y como era interpretado por el TC– para condicionar la ejecución de una orden europea de detención y entrega a la repetición de un juicio en el que el Sr. Melloni había sido condenado en ausencia, aunque su falta de comparecencia había sido decidida de forma voluntaria al haber sido debidamente emplazado y había sido efectivamente defendido por letrado designado[145].

Un caso que caía dentro del ámbito de aplicación del Derecho de la Unión Europea que aparentaba ser idóneo para una aplicación de esta la cláusula del art. 53 de la Carta. Sin embargo, el TJUE niega la posibilidad de dicha interpretación (apartado 57 de la sentencia) puesto que «menoscabaría el principio de primacía del Derecho de la Unión, ya que permitiría que un Estado miembro pusiera obstáculos a la aplicación de actos del Derecho de la Unión plenamente conformes con la Carta, si no respetaran los derechos fundamentales garantizados por la Constitución de ese Estado».

La exclusión de una eventual aplicación de una estándar nacional cuando el Derecho de la UE establece normas uniformes sin permitir un margen de apreciación puede considerarse una respuesta que era esperable, atendiendo a la concepción tradicional del Tribunal de Justicia sobre la primacía, y su jurisprudencia previa, si bien la crítica a la sentencia Melloni, desde la perspectiva del diálogo de Cortes, se suele hacer en el

---

144. Y es que, a diferencia del art. 53, el art. 52.3 y 4 no se refiere al Derecho Internacional y convenios internacionales, ni a las Constituciones de los EEMM, sino específicamente al CEDH, y las tradiciones constitucionales comunes; además sólo en el caso del Convenio explicita que el sentido y alcance de los derechos «serán iguales», mientras que respecto a las tradiciones constitucionales comunes se limita a hablar de interpretación armónica.

145. ATC 86/2011, de 9 de junio (RTC 2011, 86 AUTO). El TC tenía una doctrina consolidada sobre la violación indirecta de las exigencias del derecho a un proceso con todas las garantías que se produciría en caso de extradición a países que en caso de delito grave dieran validez a condenas en ausencia sin someter la entrega a la condición de que el condenado pudiera impugnarla para la salvaguardia de sus derechos de defensa (SSTC 91/2000, de 30 de marzo (RTC 2000, 91), 134/2000, de 16 de mayo (RTC 2000, 134), entre otras, hasta la STC 199/2009, de 28 de septiembre (RTC 2009, 199)). Doctrina que modificará a raíz de *Melloni*, véase STC (Pleno) 26/2014, de 13 de febrero de 2014 (RTC 2014, 26). El Sr. Melloni alegaba que se había producido una vulneración de derechos en la fase de apelación había designado otro abogado distinto a los que le habían defendido en la instancia, y que esto no fue objeto de consideración por las autoridades italianas, además de que en Italia no existe la posibilidad de recurrir las condenas en rebeldía, de forma que entendía que su entrega produciría una vulneración indirecta de su derecho a un proceso con todas las garantías si no se condicionaba su entrega a la repetición del proceso.

sentido no tanto de la respuesta como de la forma, que no se considera a la altura de la invitación al diálogo realizada de forma deferente por el guardián de la Constitución española, cuestionando una respuesta que, sin embargo, es más bien parca, dejando demasiadas cuestiones sin resolver[146].

No obstante, aunque parece excluir casi de una forma absoluta la aplicación del estándar nacional, es verdad que deja cierto margen, tal y como viene razonado en el apartado 60, donde razona que «(e)s cierto que el artículo 53 de la Carta confirma que, cuando un acto del Derecho de la Unión requiere medidas nacionales para su ejecución, las autoridades y tribunales nacionales siguen estando facultados para aplicar estándares nacionales de protección de los derechos fundamentales, siempre que esa aplicación no afecte al nivel de protección previsto por la Carta, según su interpretación por el Tribunal de Justicia, ni a la primacía, la unidad y la efectividad del Derecho de la Unión».

Sin embargo, el Tribunal de Justicia está interpretando el art. 53 en el sentido de que el estándar nacional de protección, esto es, la respectiva Constitución nacional será aplicable sólo cuando un acto del Derecho de la Unión requiere de medidas nacionales para su ejecución, porque al existir Derecho nacional, entraría dentro del ámbito de aplicación de la Constitución nacional; lo que sucede es que esa aplicación estaría condicionada a que «no afecte al nivel de protección previsto por la Carta, según su interpretación por el Tribunal de Justicia, ni a la primacía, la unidad y la efectividad del Derecho de la Unión». Esto, no obstante, no es posible en el caso *Melloni*, porque la Decisión Marco no deja ese margen a los Estados miembros, tal y como se deduce de los apartados 40 y 61.

Pero sí habría posibilidad de un margen de aplicación del estándar nacional, lo que se evidencia y se confirma en *Åkerberg Fransson*, en cuyo apartado 29 el Tribunal de Justicia razona que «(d)e este modo, cuando un órgano jurisdiccional de un Estado miembro deba controlar la conformidad con los derechos fundamentales de una disposición o de una medida nacional por la que se aplica el Derecho de la Unión en el sentido del artículo 51, apartado 1, de la Carta, en una situación en la que la acción de los Estados miembros no esté totalmente determinada por el Derecho de la Unión, las autoridades y tribunales nacionales siguen estando facultados para aplicar estándares nacionales de protección de los derechos fundamentales, siempre que esa aplicación no afecte al nivel de protección previsto por la Carta, según su interpretación por el Tribunal de Justicia, ni a la primacía, la unidad y la efectividad del Derecho de la Unión (véase, en este sentido, la sentencia de 26 de febrero de 2013, Melloni, C-399/11, apartado 60)».

Es decir, hay que leer las sentencias *Melloni* y *Åkerberg Fransson* como complementarias para poder extraer la doctrina del Tribunal sobre el estándar y nivel de protección de los derechos fundamentales en el espacio europeo.

---

146. Véase CARMONA CONTRERAS, A. M., Condenas en rebeldía, Euroorden y derechos fundamentales: Una cuestión de suelo, techo y espacios comunes, en CARMONA CONTRERAS, A. M., (Dir.), Construyendo un estándar europeo de derechos fundamentales, Thomsom Reuters Aranzadi, Madrid, 2018, pp. 294 y 295.

Así, aunque es cierto que el TJUE niega la interpretación del art. 53 planteada por el TC español en favor del nivel mayor de protección de los derechos fundamentales y reafirma la primacía del DUE[147]; no es menos cierto que abre la puerta al juego de los niveles, y la aplicación del estándar nacional en el caso de que la norma o acción nacional no esté totalmente determinada por el Derecho de la UE, es decir, cuando exista margen de maniobra por parte de los Estados, puesto que se posibilitaría la aplicación del estándar nacional siempre que sea mayor (no afecte al nivel de protección previsto por la Carta) ni afecte a la primacía, unidad y efectividad del DUE, lo que se va a resolver en última instancia caso a caso, volviendo de nuevo a una jurisprudencia pretoriana en la ponderación entre los derechos fundamentales tutelados en las Constituciones de los Estados miembros, o su nivel de protección, como excepción a la primacía, unidad y efectividad del Derecho de la UE[148]; permitiendo, eso sí, un desarrollo del diálogo entre Cortes o, como se ha dicho, la resolución de las eventuales controversias a través de la cuestión prejudicial evitando los posibles conflictos constitucionales, como mostraría el caso *Consob* (2021)[149], relativo al derecho a guardar silencio en el procedimiento sancionador, y que ha permitido que el Tribunal de Justicia haya sido flexible permitiendo el mayor nivel de protección[150].

Es de agradecer la flexibilización y el diálogo entre Cortes, porque, siguiendo a FABBRINI, y a su teorización sobre los desafíos en los conflictos constitucionales relativos a la aplicación de estándares, que pueden ser de ineficiencia (*challenge of ineffectiveness*) cuando el Derecho UE actúa como un techo que impide que el estándar nacional superior se aplique; y de inconsistencia (*challenge of inconsistency*), cuando el estándar del Derecho UE establece un suelo que los estándares nacionales pueden superar[151], el problema, desde el punto de vista de la protección de los derechos fundamentales estaría vinculado siempre al desafío de inefectividad, esto es, cuando el estándar nacional, procurando un nivel de protección superior al nivel del Derecho de

---

147. Véase en este sentido TENORIO SÁNCHEZ, P., «Diálogo entre Tribunales y Protección de los Derechos Fundamentales en el ámbito europeo», Revista General de Derecho Europeo, núm. 31 (2013), pp. 32-34; BESSELINK, L., «The Parameters of Constitutional Conflict after «*Melloni*«», Europan Law Review, 2014, vol. 39, núm. 4 (2014), p. 531.

148. En jurisprudencia posterior el Tribunal de Justicia ha ido desarrollando y matizando esta aplicabilidad del nivel de protección establecido en la Constitución de un Estado miembro cuando es una situación que no está totalmente determinada por el Derecho de la Unión, el nivel de protección nacional es superior al nivel de protección de la CDFUE y siempre que no se afecte a la primacía, unidad y efectividad del Derecho de la Unión. Véase, entre otras, Sentencia del Tribunal de Justicia (Gran Sala) de 5 de diciembre de 2017, *M.A.S. y M.B*, C-42/17, EU:C:2017:936 (TJCE 2017, 219); Sentencia *Google (Alcance territorial del derecho a la retirada de enlaces)*, op. cit.; Sentencia del Tribunal de Justicia (Gran Sala) de 22 de junio de 2021, *Procedimiento incoado por B*, C-439/19, EU:C:2021:504 (TJCE 2021, 160).

149. Sentencia del Tribunal de Justicia (Gran Sala) de 2 de febrero de 2021, *Consob*, C-481/19, EU:C:2021:84.

150. SARMIENTO, D., El Derecho de la Unión Europea, 4ª edición, op. cit., pp. 238-239.

151. Y esto desde una perspectiva sincrónica, pues como indica FABBRINI, desde una perspectiva diacrónica el sistema estaría sujeto al cambio y readaptación, FABBRINI, F., Fundamental Rights in Europe, op. cit., p. 45-46.

la UE, se desplaza en favor de un nivel de protección más reducido, para garantizar la primacía, unidad y efectividad del Derecho de la UE.

Es decir, desde la perspectiva de la protección de los derechos fundamentales, el hecho de que un hipotético conflicto entre dos estándares de protección se resuelva en favor del nivel de protección inferior, aunque éste sea el del Derecho de la UE, desplazando o impidiendo la aplicación de un estándar (constitucional) nacional más elevado el que genera ciertos desafíos, ya que aquí la efectividad del Derecho de la UE entra en conflicto con la protección de un estándar más elevado del derecho fundamental en juego.

Esta situación, en realidad, se podría producir en tres situaciones diferentes: 1) Situaciones en las que se aplique Derecho de la UE sin normativa nacional; 2) Situaciones en las que existiendo normativa nacional el Derecho de la UE no deje margen para ello (situaciones determinadas por el Derecho de la UE, que no deja margen para excepcionar el DUE a la aplicación de los derechos fundamentales reconocidos en el sistema nacional); y 3) Situaciones en las que existiendo normativa nacional y dejando el Derecho de la UE margen para aplicar el estándar nacional de protección más elevado, éste pueda afectar a la primacía, unidad o efectividad del Derecho de la UE, que será determinado, en última instancia por el Tribunal de Justicia[152].

Este planteamiento no es incompatible *per se* con una posición constitucional pluralista o abierta, debiendo potenciar el diálogo entre Cortes, tanto vía art. 53.2 CDFUE, como también vía art. 4.2 TUE (principio de identidad nacional-constitucional), pero en particular el 53 CDFUE, que permite una interpretación pluralista. De esta forma, se posibilitaría una eventual aplicación del estándar nacional siempre que sea superior (y no exclusivamente cuando existe una norma nacional y el DUE deja margen), sin que constituya *per se* una violación de la primacía, unidad y efectividad del DUE, cuando no se utilice –claro está– como una vía de fraude constitucional para excepcionar el Derecho de la UE; pues supondría su mejor realización (la del Derecho de la UE), permitiendo de esta forma una integración de los sistemas de protección de derechos fundamentales vía el mayor estándar de protección.

---

152. SARRIÓN ESTEVE, J., Jurisdicción y Protección de los Derechos Fundamentales en la Unión Europea, op. cit., pp. 90-91.

3

EL PRINCIPIO DE EFECTIVIDAD COMO PRINCIPIO GENERAL Y LA TUTELA JUDICIAL EFECTIVA COMO DERECHO FUNDAMENTAL DESDE LA PERSPECTIVA DE LA EFICACIA DE LOS DERECHOS EN EL ÁMBITO DE APLICACIÓN DEL DERECHO DE LA UE[153]

Sin duda, el principio de primacía, que ya hemos mencionado con antelación, puede considerarse como una, sino la, dovela central en la arquitectura del ordenamiento jurídico de la Unión Europea que posibilita su efectividad y, por tanto, también los derechos de los ciudadanos conferidos por el mismo[154]; pues sirve como criterio de resolución de los eventuales conflictos que surjan entre sus normas y las normas nacionales, dentro de las relaciones entre el ordenamiento europeo y el ordenamiento nacional en el que el primero se integra.

---

153. En este capítulo se integran, y reproducen, en particular en los tres primeros apartados, dos trabajos previos realizados por el autor, SARRION ESTEVE, J., «La Administración Pública ante la primacía y efectividad del Derecho de la Unión Europea», vol. 68, núm. 2 (2020), pp. 231-255. DOI: https://doi.org/10.18543/ed-68(2)-2020pp231-255; y «Apuntes sobre la autoridad de la *res iudicata* en la jurisprudencia del Tribunal de Justicia de la Unión Europea», Cuadernos Europeos de Deusto, núm. 65 (2021), pp. 133-160. DOI: https://doi.org/10.18543/ced-65-2021pp133-160

154. Evidentemente hay otros principios de indudable relevancia en esta arquitectura, como son los principios de autonomía o efecto directo antes citados, o también los principios de interpretación conforme (Sentencia *Marleasing*, ya citada), o la responsabilidad patrimonial de los Estados miembros por infracción del Derecho de la UE (Sentencia del Tribunal de Justicia de 19 de noviembre de 1991, *Francovich y Bonifaci*, C-6/90 y 9-90, EU:C:1991:428).

Ciertamente, como se advertido con precisión, la primacía del Derecho de la UE se manifiesta en dos vertientes[155]: una normativa (conflicto abstracto), y otra aplicativa (conflicto concreto), ésta última –que es la que nos interesa en particular– se produce cuando en un caso concreto hay que elegir entre la aplicación del Derecho europeo, y la norma nacional, y el operador jurídico, sea juez nacional o incluso la Administración[156], una vez determinado que no es posible la interpretación conforme, y tratándose de la aplicación de una disposición europea con efecto directo, debe proceder a inaplicar (desplazar) la disposición nacional, con independencia de su naturaleza[157], y de su carácter temporal anterior o posterior a la disposición europea[158]; también se puede explicar el juego de la primacía, en definitiva, con los llamados efectos de exclusión (se impide la aplicación de la norma nacional contraria), y de sustitución (se aplica la norma europea en sustitución de la norma nacional)[159].

Si la disposición europea no tiene efecto directo, y la interpretación conforme de la norma nacional no es posible, no sería necesario dejar de aplicar la norma nacional, desde la perspectiva del Derecho de la Unión. Así, se produciría un sacrificio de la primacía[160], y la efectividad del Derecho europeo requiere o abre la puerta a la responsabilidad patrimonial del Estado por infracción del Derecho de la Unión[161] como vía de completar el sistema de recursos en la Unión[162]; cosa distinta es que esta responsabilidad patrimonial, por muy compensatoria que pueda ser, es una especie de efectividad que pierde su esencia, si es que se puede hablar de efectividad, porque realmente se responde porque no se ha garantizado la efectividad, y evidentemente, de esta efectividad dependen también los derechos reconocidos o derivados del DUE.

Todo esto sin perjuicio de la obligación del Estado de, en aras de salvaguardar la seguridad jurídica, proceder a la modificación, anulación o derogación de la norma nacional incompatible, es decir, a su expulsión en definitiva del ordenamiento

---

155. SARMIENTO, D., *El Derecho de la Unión Europea*, op. cit. pp. 314 y ss.

156. Véase Sentencia *Fratelli Costanzo*, cit., apartado 32. Abarcando tanto las disposiciones administrativas de carácter general como las resoluciones administrativas individuales y concretas, véase Sentencia del Tribunal de Justicia de 29 de abril de 1999, *Ciola*, C-224/1997, EU:C:1999:212, apartado 32.

157. Por tanto, también respecto a normas constitucionales, véase Sentencias *Internationale Handelsgesellschaft*, y *Melloni*, cit.

158. No estando el juez nacional obligado a esperar la modificación, derogación o anulación de la disposición nacional, ya sea por procedimientos legislativos o judiciales. Véase Sentencia del Tribunal de Justicia de 9 de marzo de 1978, *Simmenthal*, C-106/77, EU:C:1978:49, apartado 24.

159. Véase el trabajo de LÓPEZ ESCUDERO, A., «Primacía del Derecho de la Unión Europea y sus límites en la jurisprudencia reciente del TJUE», Revista de Derecho Comunitario Europeo, núm. 64 (2019), pp. 795-796.

160. Íbid., p. 805.

161. SARMIENTO, D., El Derecho de la Unión Europea, op. cit., p. 272.

162. IGLESIAS SÁNCHEZ, S., El principio de responsabilidad del Estado en la Unión Europea: ¿clave de bóveda de un «sistema completo de vías de recurso»?, Thomson Reuters Aranzadi, Madrid, 2022.

jurídico[163]. Esto quedaría en manos del Estado, conforme al principio de autonomía institucional y procedimental, al que nos aproximamos más adelante.

También resulta importante decir que el conflicto puede constatarse a consecuencia de una interpretación de la norma comunitaria que realiza el Tribunal de Justicia, cuyos efectos interpretativos, al esclarecer y precisar el significado y alcance de la norma europea serían *ex tunc*, es decir, desde el momento de entrada en vigor de la norma, y no desde el pronunciamiento judicial, extendido su proyección hacia las relaciones surgidas por tanto con antelación a la precisión del significado de la norma[164].

Interesa señalar, además, que el eventual conflicto a resolver por el operador jurídico, no se proyecta únicamente entre normas que contienen derechos por un lado y otras normas que los niegan, sino que puede ser entre unas normas europeas que contienen unos derechos y otras internas que contienen otros derechos distintos que entran en conflicto; o también, por qué no, conflictos entre normas europeas que confieren derechos, ya sean fundamentales o no, y actos internos de contenido jurídico como puede ser los actos administrativos[165], e incluso resoluciones judiciales[166].

Qué duda cabe que como regla general este tipo de conflictos no normativos derivará, seguramente, de un previo conflicto entre normas que no se ha resuelto bien por parte del operador jurídico nacional, sea a nivel administrativo o judicial; pero es posible que la decisión administrativa o judicial haya sido a priori correcta desde la perspectiva incluso del Derecho de la UE, pero el conflicto surja como consecuencia de una nueva interpretación de la norma europea que dé el Tribunal de Justicia.

Aquí nos adentramos en la compleja cuestión de la vinculación de la Administración Pública y de los jueces a la efectividad del DUE, que actúan en el marco del procedimiento administrativo y del proceso judicial, ámbitos que, conforme al principio de autonomía procesal y procedimental, se han dejado en manos de los Estados miembros, y por tanto, del Derecho interno; y en qué medida puede funcionar esta autonomía frente a la primacía y efectividad del Derecho de la Unión, así como respecto a los eventuales límites de dicha efectividad, y por tanto, también, de la propia

---

163. ALONSO GARCÍA, R, *Las sentencias básicas del Tribunal de Justicia de la Unión Europea*, 5ª ed., op. cit. p. 92. Y si bien esto quedaría en manos del Estado, conforme al principio de autonomía institucional y procedimental, por la inexistencia de una competencia de la UE en esta materia, no es menos cierto que este principio está funcionalizado y puede ser objeto de control por el Tribunal de Justicia para garantizar el llamado 'efecto útil' del Derecho de la UE. Véase GALETTA, D.A., Procedural Autonomy of EU Member States: Paradise Lost?, Springer, Cham, 2011, p. 122.

164. Véase Sentencia del Tribunal de Justicia de 27 de marzo de 1980, *Denkavit italiana*, C-61/79, EU:C:1980:100, apartado 16; y Sentencia del Tribunal de Justicia de 10 de febrero de 2000, *Deutsche Telekom*, C-50/96, EU:C:2000:72, apartado 43. Y es que las sentencias del Tribunal de Justicia son de carácter declarativo y no constitutivo, véase Sentencia del Tribunal de Justicia de 19 de octubre de 1995, *Richardson*, C-137/94, EU:C:1995:342, apartado 33.

165. Véase Sentencia del Tribunal de Justicia de 13 de enero de 2004, *Kühne & Heitz*, C-453/00, EU:C:2004:17.

166. Sentencia del Tribunal de Justicia de 16 de marzo de 2006, *Kapferer*, C-234/04, EU:C:2006:178.

efectividad de los derechos que confiere el mismo en su ámbito de aplicación; límites vinculados, como veremos, fundamentalmente, aunque no solo, al principio de seguridad jurídica.

También debemos considerar el derecho a la tutela judicial efectiva como derecho fundamental que, primero tutelado por el Tribunal de Justicia como principio general[167], ahora se encuentra positivizado en el art. 47 de la Carta de Derechos Fundamentales de la UE, y que puede servir a garantizar la efectividad de los derechos reconocidos en el Derecho de la UE.

1. LOS PRINCIPIOS DE AUTONOMÍA PROCESAL Y PROCEDIMENTAL EN LA JURISPRUDENCIA DEL TRIBUNAL DE JUSTICIA

El principio de autonomía procesal y procedimental, a veces se habla únicamente de autonomía procesal o de autonomía procedimental, tal y como se configura, desde los casos *Rewe* y *Comet* (1976)[168], implica que son los Estados a quienes corresponde la configuración nacional de sus respectivas normas de procedimiento.

Esto es así porque estamos ante una materia sobre la que, en principio, no existe una competencia de la UE, que es el presupuesto de aplicación del principio de autonomía procedimental, lo que si bien podría considerarse como una prueba de que el Derecho de la UE depende, para ser efectivo, en gran medida del Derecho interno de los Estados miembros, y muy en particular, diríamos, del Derecho administrativo, y también, del Derecho procesal nacional[169], en la otra cara de la moneda se puede considerar que estamos ante un principio funcional, que es utilizado por el Tribunal de Justicia para garantizar el llamado «efecto útil» del Derecho europeo[170] o, en otras palabras, instrumentalizado, por lo que no habría en sentido propio una elección libre o autónoma estatal sino que esta estaría orientada por el Derecho europeo[171].

Pero lo cierto es que conforme al principio de cooperación leal (art. 4.3 del Tratado de la Unión Europea) los Estados miembros deben adoptar todas las medidas que sean apropiadas para asegurar el cumplimiento de las obligaciones derivadas de los Tratados o bien resultantes de los actos de las instituciones europeas, absteniéndose de toda medida que pueda poner en peligro que la Unión consiga sus objetivos; lo que, no nos engañemos, implica obligaciones para el operador jurídico a nivel interno, que deberá

---

167. Véase *Pecastaing* (1980), ya citada. Y posteriormente, por ejemplo, Sentencia del Tribunal de Justicia de 15 de mayo de 1986, *Johnston*, C-222/84, EU:C:1986:206.

168. Véase al respecto Sentencias del Tribunal de Justicia (ambas) de 16 de diciembre de 1976, *Rewe*, C-33/76, EU:C:1976:188; y *Comet*, C-45/76, EU:C:1976:191.

169. ORTLEP, R.; Y VERHOEVEN, M., «The principle of primacy versus the principle of national procedural autonomy», NALL, abril-junio, 2012, p. 2.

170. GALETTA, D.A., Procedural Autonomy of EU Member States: Paradise Lost?, op. cit., p. 122.

171. ARZOZ SANTISTEBAN, X., «La autonomía institucional y procedimental de los Estados miembros en la Unión Europea: Mito y Realidad», Revista de Administración Pública, núm. 191 (2014), p.197.

proporcionar y garantizar una tutela adecuada de los derechos derivados del ordenamiento europeo, condicionando así el principio de autonomía procesal[172].

Por ello, esta facultad de configuración no es absoluta, puesto que se debe garantizar como hemos dicho, el efecto útil del derecho de la Unión, esto es, se debe posibilitar la garantía de los derechos derivados del ordenamiento europeo, su efectividad; y la jurisprudencia del Tribunal de Justicia, cuando resuelve un caso a través del principio de autonomía procesal lo condiciona a los principios de equivalencia (la regulación nacional para hacer efectivos los derechos derivados del ordenamiento europeo de no debe ser menos favorable que las que regulan acciones nacionales similares) y de efectividad (entendida esta última como que no debe hacerse imposible en la práctica o excesivamente difícil el ejercicio de los derechos conferidos), conforme a lo establecido en la conocida sentencia *Unibet* (2007)[173].

Además, tanto la Administración como los tribunales nacionales deben interpretar la normativa interna para garantizar de una forma eficaz el Derecho europeo. De esta forma, la antigua autonomía procedimental y procesal, estaría fuertemente sostenida por los principios de equivalencia y efectividad, cambiando lo que se consideraba como una libertad de configuración en una libertad o autonomía limitada.

Pero, aunque se pueda sostener que el Tribunal de Justicia trata de eludir la tensión inherente entre los principios de primacía (que implica desplazamiento) y autonomía procedimental, y en particular la procesal, con los requisitos de equivalencia y efectividad, optando por uno u otro a la hora de resolver los casos que se le plantean[174], lo cierto es que al final se producen casos en los que necesariamente ambos principios deben ser objeto de consideración, y por tanto, de ponderación aunque ésta sea implícita, se opte por un camino u otro.

En *Simmenthal* (1978) el principio de primacía conlleva que el Derecho comunitario con efecto directo hace inaplicable de pleno derecho cualquier disposición contraria, y ello es compatible con el principio de cooperación leal para que los Estados miembros proporcionen la protección jurídica efectiva de los derechos derivados del ordenamiento europeo, siendo incompatible toda disposición o práctica, legislativa, administrativa o judicial, que redujera la eficacia del ordenamiento comunitario[175].

Así, la primacía tiene una proyección clara sobre la normativa procesal, como se evidencia, por ejemplo, también, en *Factortame* (1990), donde se faculta al juez nacional para garantizar la eficacia de una resolución judicial sobre derechos derivados del

---

172. SARRIÓN ESTEVE, J., «El Tribunal de Justicia de la Unión Europea y la protección del consumidor en la crisis financiera», Federalismi.it. Rivista di Diritto Pubblico Italiano, Comparato, Europeo, núm. 13 (2020), p. 126.

173. Sentencia del Tribunal de Justicia de 13 de marzo de 2007, *Unibet*, C-432/05, EU:C:2007:163.

174. ORTLEP, R.; Y VERHOEVEN, M., «The principle of primacy versus the principle of national procedural autonomy», op. cit., p. 2.

175. Sentencia *Simmenthal*, antes citada, apartados 17-23.

ordenamiento europeo excluyendo la aplicación de una norma nacional que impide la adopción de medidas provisionales[176].

Vamos a analizar en los siguientes apartados la proyección particular de la efectividad sobre la Administración Pública, y sobre los tribunales o jueces nacionales, lo que permitirá analizar los eventuales límites de la misma, que necesariamente afectan a la efectividad de los propios derechos y del Derecho de la Unión Europea.

2. LA PROYECCIÓN DE LA EFECTIVIDAD DEL DERECHO DE LA UNIÓN EUROPEA SOBRE LA ADMINISTRACIÓN PÚBLICA[177]

Como hemos anticipado, en *Simmenthal*, tan pronto como ya en 1978, el Tribunal de Justicia ya tuvo oportunidad de asentar que el principio de primacía, en el sentido de que el Derecho comunitario con efecto directo hace inaplicable de pleno derecho cualquier disposición contraria, y ello es compatible con el principio de cooperación leal para que los Estados miembros proporcionen la protección jurídica efectiva de los derechos derivados del ordenamiento europeo, siendo incompatible toda disposición o práctica, legislativa, administrativa o judicial, que redujera la eficacia del ordenamiento europeo[178]; al final, por tanto, estamos hablando de una vinculación general a todas las autoridades nacionales, que incluye, por supuesto, y como no puede ser de otra manera, a las Administraciones Públicas.

Así se manifiesta, en particular, en *Fratelli Costanzo* (1989)[179], que, en realidad, entiendo que no deja de ser un desarrollo o extensión de la doctrina *Simmenthal*, pero aplicada a las Administraciones Públicas.

Y es que, aunque en sentencias anteriores el Tribunal de Justicia ya se había pronunciado sobre la obligación de las Administraciones Públicas de garantizar la efectividad del derecho comunitario, incluso inaplicando una ley interna[180]; podemos decir que hasta *Fratelli Costanzo* el razonamiento derivaba de la existencia de una norma interna declarada contraria al Derecho comunitario tras una declaración de incumplimiento por parte del Tribunal de Justicia, de forma que se había constatado la incompatibilidad de la norma interna con el Derecho europeo, por lo que lo novedoso y más relevante

---

176. Sentencia del Tribunal de Justicia de 19 de junio de 1990, *Factortame y otros*, C-213/89, EU:C:1990:257, apartados 22-23.

177. Seguimos aquí lo desarrollado en SARRIÓN ESTEVE, J., «La Administración Pública ante la primacía y efectividad del Derecho de la Unión Europea», op. cit. Véase al respecto también la excelente y reciente monografía dedicada a este interesantísimo tema: GALÁN GALÁN, A., Primacía Europea y Administración Pública. La obligación administrativa de inaplicación, Thomsom Reuters Aranzadi, Madrid, 2021.

178. Sentencia *Simmenthal*, cit. apartados 17-23.

179. Sentencia *Fratelli Costanzo*, ya citada, apartado 30.

180. Así, desde la Sentencia del Tribunal de Justicia de 13 de julio de 1972, *Comisión c. Italia*, C-48/71, EU:C:1972:65, apartados 6-7; también en este sentido se puede ver la Sentencia del Tribunal de Justicia de 19 de enero de 1993, *Comisión c. Italia*, C-101/91, EU:C:1993:16, apartado 24.

en *Fratelli Costanzo*, es que no hay necesidad de una previa declaración de incumplimiento por parte del Tribunal de Justicia[181]; de forma que las Administraciones Públicas estarían vinculadas y obligadas a garantizar la efectividad de las disposiciones de Derecho comunitario con efecto directo, es decir, y por tanto también los derechos conferidos o reconocidos en las mismas si son claros y precisos.

Lo que se planteaba en el caso *Fratelli Costanzo* era, nada más ni nada menos, la disyuntiva de si la Administración estaba facultada o incluso obligada a aplicar una directiva comunitaria que tuviera efecto directo, alegada por el interesado, inaplicando una norma interna. En las conclusiones, el Abogado General sostenía que la Administración estaría facultada para ello, pero en cambio solo estaría obligada si existía un previo pronunciamiento judicial que precisara y aclarara el efecto directo de la directiva, basándose en que la Administración, a diferencia de un tribunal o un juez nacional, carecía de la herramienta –podríamos decir hermenéutica– de la cuestión prejudicial[182].

Ciertamente, a diferencia del juez nacional, la Administración tiene el hándicap o problema de que no está facultada para plantear una cuestión prejudicial[183], ni tampoco puede adoptar medidas provisionales respetando los requisitos que exige el propio Tribunal de Justicia, y asimismo, es evidente que el estatuto de estas autoridades o entidades nacionales, como regla general, no garantiza el mismo grado de independencia del que gozan los órganos jurisdiccionales nacionales, ni existe certeza de que apliquen el principio de contradicción que preside el debate judicial[184], de ahí que sea más necesario si cabe la disposición de reglas claras de conflicto para cuando corresponde a la Administración Pública y las entidades del sector público aplicar el Derecho europeo, y darle efectividad.

Por ello, se podría sostener, de forma razonable, en la línea argumental planteada en las conclusiones de *Fratelli Costanzo*, que sólo cuando el asunto está aclarado, la Administración está obligada a inaplicar una norma nacional, mientras que, si no es así, el asunto debería derivarse al juez nacional que tiene la herramienta de la cuestión prejudicial[185].

---

181. Véase COBREROS MENDAZONA, E., «La aplicación del principio de primacía del Derecho de la Unión Europea por la Administración», Revista Vasca de Administración Pública, núm. 103 (2015), pp. 174-176.

182. Conclusiones del Abogado General Otto Lenz, presentadas el 25 de abril de 1989, *Fratelli Costanzo*, C-103/88, EU:C:1989:166, apartados 35 y ss.

183. El razonamiento, como hemos expuesto, es que la Administración carece de la guía interpretativa del Tribunal de Justicia a través de la cuestión prejudicial. Véase en este sentido, entre otros, STROZZI, G. y MASTROIANNI, R., Diritto dell'Unione Europea, 4ª edición, Giappichelli, Turín, 2016, p. 641; y ARENA, A, «The Twin Doctrines of Primacy and Pre-emption», en SCHÜTZE, R., Y TRIDIMAS, T. (eds), Oxford Principles of European Union Law. Volume I: The European Union Legal Order, Oxford University Press, Oxford, 2018, p. 305.

184. Sentencia del Tribunal de Justicia de 6 de diciembre de 2005, *ABNA y otros*, asuntos acumulados C-453/03, C-11/04, C-12/04 y C-194/04, EU:C:2005:741, apartados 108-109.

185. Véase COBREROS MENDAZONA, E., «La aplicación del principio de primacía del Derecho de la Unión Europea por la Administración», op. cit. p. 179. Así, la Administración podría inaplicar

Sin embargo, el Tribunal de Justicia parece más beligerante –o más garantista si se prefiere– en la tutela de la efectividad del Derecho comunitario en esta sentencia, y por tanto, también de los derechos que el mismo confiere.

En efecto, el Tribunal de Justicia razona que cuando una disposición de una directiva comunitaria tiene, desde el punto de vista de su contenido efecto directo (no está sujeta a condición alguna y es lo suficientemente precisa), los particulares la pueden invocar directamente, no sólo ante órganos jurisdiccionales[186], sino ante cualquier organismo o entidad sometidos a la autoridad o control de un Estado miembro, y por tanto también ante la Administración Pública, incluyendo una administración local como era en este caso[187].

Ciertamente, estamos ante una doctrina que se va a confirmar posteriormente en un gran número de sentencias, en algunos casos con algunas peculiaridades en las que nos detendremos[188]:

Así, podemos citar, por ejemplo, y sin tratar de ser exhaustivos en *Kampleman* (1997)[189], o en *Ciola* (1999) donde en esta última creo reseñable que lo que debe

---

una norma que ha sido declarada incompatible con el derecho comunitario, porque habría un acto aclarado, aplicando la conocida doctrina *CILFIT*, Sentencia del Tribunal de Justicia de 6 de octubre de 1982, *CILFIT*, C-283/81, EU:C:1982:335; pero si la cuestión no está clara, deberían ser el juez nacional quien tuviera que resolver el asunto. Este planteamiento lo encontramos también en las Conclusiones del Abogado General Ruiz-Jarabo en *Unwealtanwalt von Kärnten*, véase Conclusiones del Abogado General Ruiz-Jarabo Colomer, presentadas el 25 de junio de 2009, *Umweltanwalt von Kärnten*, C-205/08, EU:C:2009:397 apartados 51 y 52, que plantea que la tensión del conflicto normativo se resolvería si la obligación de inaplicar disposiciones internas se reservara a quien tiene la facultad de plantear una cuestión prejudicial, y por tanto a la Administración Pública únicamente cuando ejerce una función jurisdiccional que lo permita. Recojo la cita de COBREROS MENDAZONA, E., «La aplicación del principio de primacía del Derecho de la Unión Europea por la Administración», op. cit., pp. 82 y 189. En sentido similar se ha planteado la necesidad de modular la obligación, introduciendo cierta dosis de diversidad en la obligación de inaplicación administrativa, tanto en lo subjetivo atendiendo al grado de capacidad técnica de la Administración, como al objetivo de la norma interna a inaplicar. Véase GALÁN GALÁN, A., Primacía Europea y Administración Pública. La obligación administrativa de inaplicación, op. cit. p.228-229.

186. Recuerda, en este sentido, la jurisprudencia sobre el efecto directo de las directivas, que cuando se produce las hace susceptibles de invocación por los particulares ante los órganos jurisdiccionales. Véase *Fratelli Costanzo*, ya citada, apartado 29, donde cita las Sentencias de 19 de enero de 1982, *Becker*, C-8/81, EU:C:1982:7, y 26 de febrero de 1986, *Marshall*, C-152/84, EU:C:1986:84.

187. Véase *Fratelli Costanzo*, ya citada, apartados 30-32. Considera COBREROS MENDAZONA que el Tribunal de Justica no muestra ningún titubeo al respecto, es muy claro, y esa obligación de inaplicación de las disposiciones nacionales se produciría, aunque el asunto no se haya aclarado por una previa sentencia judicial, COBREROS MENDAZONA, E., «La aplicación del principio de primacía del Derecho de la Unión Europea por la Administración», op. cit., p.180.

188. Selección realizada mediante búsqueda de jurisprudencia del autor, así como atendiendo a la selección realizada por los siguientes autores: ALONSO GARCÍA, R. *Sistema Jurídico de la Unión Europea*, 4ª edición, Civitas, Madrid, 2014, p. 326; COBREROS MENDAZONA, E., «La aplicación del principio de primacía del Derecho de la Unión Europea por la Administración», op. cit., pp. 180-181); ARENA, A, «The Twin Doctrines of Primacy and Pre-emption», op. cit., p. 305.

189. Sentencia de 4 de diciembre de 1997, *Kampelmann y otros*, asuntos acumulados C-253 a 258/96, EU:C:1997:585, apartado 47.

inaplicar la Administración no es una norma jurídica sino un acto administrativo que sería incompatible con el derecho comunitario, y en particular con el principio de la libre prestación de servicios[190], pero esto era consecuencia de la propia proyección de la primacía no sólo sobre normas legislativas, sino también sobre actos, tal y como manifiesta el Tribunal ya en *Rewe*[191].

Asimismo, y en esta línea doctrinal, cabe señalar la sentencia *Larsy* (2001), en la que la Administración afectada es la de la Seguridad Social, y donde la vulneración del Derecho comunitario se desprende de una interpretación errónea de una disposición comunitaria, existiendo una previa sentencia anterior del Tribunal de Justicia[192].

También mantiene esta doctrina en las sentencias *Jiménez Melgar* (2001)[193], *CIF* (2003)[194], o *Petersen* (2010); hagamos un breve comentario de esta última. En este interesante caso el conflicto deriva de una disposición nacional que establecía el límite de edad para ejercer como dentista concertado en los 68 años, fundamentada en la protección de la salud de los pacientes y que implicó una resolución de cese de la habilitación legal que fue objeto de recurso judicial, en cuyo proceso se plantea la cuestión prejudicial que el Tribunal de Justicia resuelve en el sentido de declarar la incompatibilidad, y en el apartado indicado la obligación de la autoridad nacional administrativa de no aplicar dicha disposición[195].

Podemos considerar igualmente la sentencia *Fuß* (2010) en la que el Tribunal de Justicia declara que la obligación se extiende a todas las autoridades descentralizadas, como los *Länder*, las ciudades o los municipios[196]; o *Gavieiro* (2010)[197] en la que se insertaría dentro de la saga iniciada por la sentencia *Del Cerro Alonso* (2017)[198] respecto al principio de no discriminación de los funcionarios interinos por causa de la relación laboral por tiempo determinado, y su derecho al cobro de los complementos salariales de antigüedad; aquí el Tribunal tiene la oportunidad de constar que la obligación de los Estados miembros de alcanzar los resultados previstos en las directivas, así como de adoptar todas las medidas, tanto generales como particulares, apropiadas

---

190. Sentencia *Ciola*, antes citada, apartados 25 y ss.

191. Sentencia *Rewe*, ya citada, apartado 43.

192. Sentencia del Tribunal de Justicia de 28 de junio de 2001, *Larsy*, C-118/00, EU:C:2001:368, apartados 51 y 52.

193. Sentencia del Tribunal de Justicia de 4 de octubre de 2001, *Jiménez Melgar*, C-438/99, EU:C:2001:509, apartado 32.

194. Sentencia del Tribunal de Justicia de 9 de septiembre de 2003, *CIF*, C-198/01, EU:C:2003:430, en este caso respecto de una autoridad de la competencia, apartados 49-50.

195. Sentencia del Tribunal de Justicia de 12 de enero de 2010, *Petersen*, C-341/08, EU:C:2010:4, apartado 80.

196. Sentencia del Tribunal de Justicia de 14 de octubre de 2010, *Fuß*, C-243/09, EU:C:2010:609, apartados 61-63.

197. Sentencia del Tribunal de Justicia de 22 de diciembre de 2010, *Gaviero Gaviero y Iglesias Torres*, asuntos acumulados C-444/09 y 456/09, EU:C:2010:819, apartados 72 y 73.

198. Sentencia del Tribunal de Justicia de 13 de septiembre de 2007, *Del Cerro Alonso*, C-307/05, EU:C:2007:509.

para asegurar sus obligaciones, se imponen a todas las autoridades nacionales, también en su condición de empleador público, si bien en el caso de que no sea posible por su parte una interpretación y aplicación de la normativa interna conforme a las exigencias comunitarias, estarían obligados, tanto los órganos judiciales como la Administración a aplicar íntegramente la normativa de la Unión y tutelar los derechos conferidos por la misma.

Por su parte, en *Rosado Santana* (2011)[199] el Tribunal de Justicia se ocupa de reafirmar esta doctrina en un caso referente a una convocatoria de función pública que incumplía lo previsto en el Acuerdo marco sobre relaciones laborales de duración determinada y a los contratos celebrados por órganos de la Administración y entidades del sector público, cuya cláusula 4, con efecto directo, establecía el principio de no discriminación; al no valorar el periodo de trabajo como funcionario interino.

En *Amia* (2012)[200] el Tribunal se refiere a la vinculación de las autoridades administrativas descentralizadas como la Provincia Regional de Palermo, a las disposiciones de Derecho comunitario con efecto directo.

También tenemos *ANAFE* (2012)[201], entre otras, hasta las más recientes, como *Farrel* (2017)[202], y *An Garda Síochána* (2018)[203]. Vamos a detenernos en estas últimas.

Antes, debemos considerar que ya en *Marshall* (1986)[204], antes de la sentencia *Costanzo*, el Tribunal ya había tenido oportunidad de extender la vinculación del derecho comunitario a todas las entidades del Estado, incluso cuando actúa como empresario y no ejerce potestades públicas.

En *Farrel* se constata que la vinculación no se extiende únicamente a la Administración Pública, en un sentido estricto, sino también a organismos o entidades sometidos a

---

199. Sentencia del Tribunal de Justicia de 8 de septiembre de 2011, *Rosado Santana*, C-177/10, EU:C:2011:557, apartado 53.

200. Sentencia del Tribunal de Justicia de 24 de mayo de 2012, *Amia*, C-97/11, EU:C:2012:306, apartados 28 y 39.

201. Sentencia del Tribunal de Justicia de 14 de junio de 2012, *ANAFE*, C-606/10, EU:C:2012:348, apartado 75.

202. Sentencia del Tribunal de Justicia de 10 de octubre de 2017, *Farrel*, C-413/15, EU:C:2017:745.

203. Sentencia del Tribunal de Justicia de 4 de diciembre de 2018, *An Garda Síochána,* C-378/17, EU:C:2018:979, apartado 38 y siguientes.

204. Sentencia *Marshall*, ya citada. Cuando se invocó por una particular el principio de no discriminación frente a los servicios de salud británicos, y el Reino Unido alegó que actuaba en calidad de empresario, el Tribunal consideró que la invocación del derecho comunitario cabía frente al Estado, tanto si actuaba en calidad de autoridad pública como de otro tipo. A partir de aquí, señala Mangas Martín, el Tribunal de Justicia amplia la noción de Estado «como una mancha de aceite», y si bien reconoce que la finalidad es proteger los derechos de los particulares, considera que puede generar dudas e incertidumbre, tanto para los particulares como para los propios órganos públicos, véase MANGAS MARTÍN A., «Las relaciones entre el Derecho comunitario y el Derecho interno en los estados miembros a la luz de la jurisprudencia del Tribunal de Justicia», RODRÍGUEZ IGLESIAS, G. C. Y LIÑÁN NOGUERAS, D. (Dir.), El Derecho comunitario y su aplicación judicial, Consejo General del Poder Judicial, Universidad de Granada, Editorial Civitas, Madrid, 1993, p. 72.

la autoridad o control del Estado o que dispongan de facultades de carácter exorbitante en relación con las que se derivan de las normas aplicables a las relaciones entre particulares, es decir, desde el punto de vista del Tribunal de Justicia estos organismos o entidades no son particulares, y ello con independencia de que se sometan a Derecho público o privado; y por tanto, desde el punto de vista del Derecho comunitario deben asimilarse al Estado.

Esto puede deberse a que se trate de personas jurídicas de Derecho público, o bien porque estén sometidas a la autoridad o control de una autoridad pública, o porque esta autoridad les haya encomendado el ejercicio de una misión de interés público con facultades exorbitantes.

Así sucedía en este caso con un organismo como el MIBI irlandés, que tiene atribuida la indemnización de víctimas de circulación de automóviles, cuando el vehículo no ha sido identificado o cuando no se haya satisfecho el correspondiente seguro obligatorio de responsabilidad civil, dado que el legislador irlandés obliga a todas las compañías de seguros de automóvil en Irlanda a asociarse a este organismo, confiriéndole por ello facultades exorbitantes, lo que hace que un particular pueda invocar ante la misma un acto europeo con efecto directo, aunque esta entidad estuviera sujeta, en el ordenamiento jurídico interno, al derecho privado[205].

An Garda Síochána es una sentencia derivada de una inadmisión en el proceso selectivo de policía por edad, lo interesante es el problema competencial derivado, y que se plantea en relación con la atribución por parte del legislador (irlandés, de nuevo) a un órgano nacional, como la Comisión de Relaciones Laborales, la función de garantizar la aplicación del derecho de la UE en un ámbito específico, como es el del principio de no discriminación en materia de empleo y ocupación, pero al que no se le atribuye competencia para dejar inaplicada una norma nacional contraria al Derecho europeo, que estaría reservada a un tribunal judicial.

Entiende el Tribunal de Justicia que, si bien en base al principio de autonomía procedimental, los Estados miembros pueden reservar la competencia para controlar la validez de las normas internas incompatibles con el Derecho europeo, la obligación de dar efectividad al mismo es general para todos los órganos nacionales, no sólo los órganos judiciales sino también los organismos administrativos, por lo que hay obligación de proporcionar efectividad[206].

Hay que advertir, además, que esta proyección es amplísima, puesto que también se extiende respecto de las entidades estatales aunque Estado aunque actúe Además de esta cuestión respecto a la naturaleza de las entidades obligadas a dar efectividad a las disposiciones europeas, esta proyección del principio de primacía se extiende no sólo respecto a disposiciones administrativas de carácter general, sino también a las individuales y concretas, es decir, a los propios actos administrativos que sean contrarios al

---

205. Sentencia *Farrel*, ya citada, apartados 34-40.
206. Sentencia *An Garda Síochána,* ya citada, apartados 43 y ss.

derecho comunitario, incluso firmes, puesto que no perderían su naturaleza de disposición interna, como se refleja ya desde *Ciola* (1999)[207].

Ahora bien, esta doctrina, nacida en *Fratelli Costanzo*, y así planteada de forma generalizada y maximalista, también llamada como la «obligación Costanzo» (*Costanzo obligation*)[208] aunque proporciona cierta seguridad respecto a la efectividad que puede atribuir al derecho comunitario, y por tanto a los derechos que el mismo confiere, lo hace, aparentemente, a costa de la seguridad jurídica de los propios ordenamientos jurídicos internos en los que se integra el derecho comunitario, y es que podría, incluso, afectar a la firmeza de los actos y resoluciones administrativas y, por qué no decirlo, también incluso herir de muerte los efectos de cosa juzgada de las resoluciones judiciales, que no dejan de ser actos internos.

Por ello, no es de extrañar que, aunque también han existido opiniones favorables, la doctrina *Fratelli Costanzo* haya sido el foco de duras críticas y reacciones.

Sin embargo, vamos a comenzar por hacer referencia a los comentarios favorables a la doctrina. Hay autores que tienen una buena consideración de lo que establece, pero que se cuestionan cómo va a poder la Administración aplicarla[209]; otros incluso van más allá, pues entienden que las Administraciones Públicas no solo pueden y deben inaplicar, por su propia autoridad, las normas legales y reglamentarias inválidas, cuando son contrarias al Derecho comunitario, sino también por otras razones, cuando son, por ejemplo, inconstitucionales[210]; y otros proponen una serie de garantías para llevarla a la práctica, distinguiendo entre 1) los casos en los que la incompatibilidad se haya declarado judicialmente de forma previa (por el propio Tribunal de Justicia vía recurso por incumplimiento, o cuestión prejudicial; o a nivel interno por el Tribunal Supremo o por un Tribunal Superior de Justicia en el caso de leyes autonómicas, que hayan determinado la inaplicación de la ley interna),y 2) el resto de casos, en los que entienden que la Administración únicamente podrá inaplicar una disposición interna cuando tenga un convencimiento pleno y objetivo de la antinomia y lo justifique de forma motivada[211].

207. Sentencia *Ciola*, antes citada, apartados 25 y ss.

208. Véase VERHOEVEN, M., «The 'Costanzo obligation' of national administrative authorities in the light of the principle of legality: prodigy or problem child?», Croatian Yearbook of European Law & Policy, vol. 5 núm.1 (2009), pp. 65-93; y mas en extenso VERHOEVEN, M., The Costanzo Obligation: the obligations of national administrative authorities in the case of incompatibility between national law and European law, Intersentia, Cambridge, 2011, en particular pp. 117 y ss.

209. TRAYTER JIMÉNEZ, J.M., «El efecto directo de las directivas comunitarias: el papel de la Administración y de los jueces en su aplicación», Revista de Administración Pública, núm. 125 (1991), pp. 254-259.

210. Además, la facultad de inaplicación de la Administración de los reglamentos inválidos derivaría de la exigencia de celeridad y eficiencia de la actividad administrativa. Véase DOMÉNECH PASCUAL, G., «La inaplicación administrativa de reglamentos ilegales y leyes inconstitucionales», Revista de Administración Pública, núm.155 (2011), p. 77, pp. 99 y ss., y p. 106.

211. COBREROS MENDAZONA, E., «La aplicación del principio de primacía del Derecho de la Unión Europea por la Administración», pp. 202-203). Aunque eta autora llega también a proponer de forma sugerente, para salvar las eventuales suspicacias, aplicar salvando las distancias, la doctrina del acto claro, es decir, que la Administración Pública podrá inaplicar una disposición interna tanto cuando sea

Desde el punto de vista crítico, se han utilizado, entre otros, los argumentos de que, por un lado, parece exigir que la Administración exceda los poderes que tiene atribuidos en el Derecho interno, afectando por tanto a la separación de poderes[212], o al principio de legalidad[213], o, que, por otro lado, el Tribunal de Justicia no procede igual cuando se trata de suspender de forma cautelar la aplicación de un acto comunitario, aunque su validez haya sido cuestionada ante el Tribunal de Justicia[214].

Incluso el Consejo de Estado, en su famoso *Informe sobre la inserción del derecho europeo* (2008), se hace eco de la doctrina *Costanzo*, y de los problemas de seguridad jurídica de la facultad de la Administración de inaplicar disposiciones internas contrarias al Derecho europeo; donde realmente el Consejo de Estado no solo se hace eco de la doctrina *Costanzo*, sino que preocupado por la inseguridad jurídica que puede producir la atribución a las Administraciones Públicas de la facultad de inaplicar disposiciones internas propone como una eventual solución de *lege ferenda*, la introducción de la potestad de la Administración para inaplicar el Derecho interno incompatible con el Derecho comunitario, si bien condicionando dicha potestad a un previo dictamen favorable del Consejo de Estado u órgano consultivo equivalente de la Comunidad Autónoma, lo que implicaría por tanto, atribuir una potestad legal a la Administración de inaplicar una disposición interna, pero requiriendo para ello un dictamen preceptivo y vinculante del propio Consejo de Estado.

Esta propuesta, sin duda, interesante, tiene varios problemas, pero el principal es que en el hipotético caso de que el informe, de carácter vinculante, estableciera la compatibilidad, si aun así la Administración considerara que la disposición interna es incompatible con el Derecho comunitario, o peor aún, en el ínterin se dicta alguna sentencia del Tribunal de Justicia que pone de manifiesto esta incompatibilidad, desde la perspectiva del Derecho comunitario la Administración seguiría obligada, por la doctrina *Costanzo*, a inaplicar la disposición interna incompatible, así como el propio dictamen del Consejo de Estado, que no deja de ser un acto interno[215].

Posteriormente, el Consejo de Estado emitirá otro informe en 2010 en el que propone de una forma más ambiciosa la aprobación de una ley que sistematice los

---

clara la incompatibilidad porque ha quedado aclarada judicialmente como cuando sea tan evidente que no quede lugar a duda razonable porque se trataría de una convicción que se impondría a las Administraciones Púbicas de otros Estados, así como al propio Tribunal de Justicia; dejando abierta también la puerta a que el legislador regule el mecanismo.

212. Véase WITTE, B. de. «Direct Effect, Primacy, and the Nature of the EU Legal Order», CRAIG, P. y BÚRCA, G. de, The Evolution of EU Law, Oxford: Oxford University Press, 2011, pp. 323 y ss.

213. Véase AZPITARTE SÁNCHEZ, M., «Las relaciones entre el derecho de la Unión y el Derecho del Estado a la luz de la Constitución Europea, en: *Revista de Derecho Constitucional Europeo*, núm. 1 (2004), p. 87. Sobre las tensiones que plantea respecto del principio de legalidad en los ordenamientos nacionales de los Estados miembros de Alemania, Francia y Países Bajos véase VERHOEVEN, M., The Costanzo Obligation: the obligations of national administrative authorities in the case of incompatibility between national law and European law, op. cit.

214. Como el Tribunal de Justicia tiene ocasión de precisar en la sentencia *ABNA*, ya citada. Véase ALONSO GARCÍA, R., Sistema Jurídico de la Unión Europea, 4ª ed., op. cit. p. 329.

215. Véase CONSEJO DE ESTADO, Informe del Consejo de Estado sobre la inserción del Derecho Europeo en el Ordenamiento Español, 14 de febrero de 2008, pp. 240 ss.

mecanismos de garantía del cumplimiento del Derecho de la Unión, incluyendo los medios de prevención y reacción, así como el de responsabilidad[216].

Aunque, en mi opinión, el cuestionamiento más razonable sigue siendo, como ya se apuntó en las propias conclusiones del Abogado General Otto Lenz en *Fratelli Costanzo*[217], y hemos adelantado, que la Administración carece de un instrumento como la cuestión prejudicial, que sí pueden usar los jueces nacionales, para aclarar una eventual duda respecto del Derecho comunitario que está obligada a aplicar desplazando en caso de ser necesario una disposición interna.

Esto, creo, es lo que puede ser más determinante en la posición que tiene la Administración a la hora de garantizar la efectividad del Derecho comunitario, pues no se plantea ningún problema desde la perspectiva de la sujeción al principio de legalidad (art. 103.1 CE), en la medida que la sujeción es en un sentido amplio lo es a la ley y al Derecho[218], debiendo entender incluido en el Derecho, es decir, en nuestro ordenamiento jurídico, como orden o sistema jurídico complejo, el propio ordenamiento jurídico de la Unión, ex art. 93 CE.

El Tribunal Constitucional español sí parece admitir la doctrina *Costanzo*[219]. Como es sabido, aunque el TC había venido configurando al Derecho comunitario como un Derecho que carecía de rango constitucional, atribuyendo a los jueces ordinarios la aplicación del mismo[220] y, por pura lógica, había considerado que un conflicto entre normas internas y disposiciones comunitarias no adquiere (por sí mismo, añadiríamos nosotros) relevancia constitucional[221]; la evolución de la doctrina del Tribunal Constitucional muestra una progresiva apertura hacia el Derecho europeo, tanto aceptando el principio de primacía aunque no como principio de supremacía jerárquica, sino como exigencia existencial del mismo que juega desde la perspectiva del principio de competencia y de la selección de la norma aplicable[222]; controlando

---

216. CONSEJO DE ESTADO, Informe del Consejo de Estado sobre las garantías del cumplimiento del Derecho comunitario, 15 de diciembre de 2010, pp. 309 y ss. Y parece que finalmente algo se está trabajando para su articulación normativa.

217. Conclusiones del Abogado General Otto Lenz, citadas.

218. En el mismo sentido, véase COBREROS MENDAZONA, E., «La aplicación del principio de primacía del Derecho de la Unión Europea por la Administración», op. cit., p. 201. En contra de esta posición, y como indica esta autora (p. 197), el Tribunal Supremo parece no admitir la doctrina *Costanzo* cuando niega que la Administración pueda ejercer el juicio de prevalencia en el conflicto entre normas, que correspondería al juez, y no a la Administración, por su sujeción al imperio de la ley (art. 103.1 CE).

219. A diferencia del Tribunal Supremo, en el que encontramos jurisprudencia contradictoria. Véase GALÁN GALÁN, A., Primacía Europea y Administración Pública. La obligación administrativa de inaplicación, op. cit., pp. 137-146.

220. STC 21/1991, de 31 de enero (RTC 1991, 21).

221. SSTC 252/1988, de 20 de diciembre (RTC 1988, 252) y también en las SSTC 28/1991, de 14 de febrero (RTC 1991, 28); 197/1996, de 28 de noviembre (RTC 1996, 197).

222. Declaración del Tribunal Constitucional núm. 1 de 2004, de 13 de diciembre (RTC 2004, 256). Véase también, por todas, SSTC 26/2014, de 13 de febrero (RTC 2014, 26), y 37/2019, de 26 de marzo (RTC 2019, 37).

la falta de planteamiento de una cuestión prejudicial[223]; e incluso planteando el propio TC una cuestión prejudicial ante el Tribunal de Justicia[224]. Es en este contexto donde la sentencia del TC 145/2012, de 2 de julio, merece una especial atención, puesto que constata la vinculación de la Administración Pública al principio de primacía, con la consecuencia de la nulidad con eficacia *ex tunc* de una norma declarada por el Tribunal de Justicia como incompatible con el derecho comunitario, aceptando además que la vinculación de la primacía opera para todos los órganos jurisdiccionales españoles, incluyendo el propio TC[225].

En cualquier caso, es importante señalar también la eventual afectación por la doctrina *Costanzo*, y por tanto de la efectividad del Derecho de la UE cuando se proyecta sobre la Administración, del principio de seguridad jurídica; principio que también goza de un gran valor y autoridad en el Derecho europeo, por lo que el Tribunal de Justicia matizó o precisó esta cuestión en otra línea jurisprudencial a veces obviada.

La seguridad jurídica, a pesar de su significando cambiante, es un principio inherente del Estado de Derecho, un principio constitucional de los Estados miembros, así como un principio fundamental en el Derecho de la UE y en otros sistemas jurídicos transnacionales[226] y, si bien como tal no está regulado de forma expresa en los Tratados, el propio Tribunal de Justicia lo ha configurado como un principio general

---

223. SSTC 58/2004, de 19 de abril (RTC 2004, 58), 194/2006, de 19 de junio (RTC 2006, 194) en ambas que, sin plantear una cuestión prejudicial, el tribunal había optado por inaplicar una ley interna vigente (en el primer caso una ley autonómica, y en el segundo una ley estatal), el TC otorga el amparo como consecuencia de la falta de planteamiento de una cuestión prejudicial, por vulneración del derecho a la tutela judicial efectiva y a un proceso con todas las garantías. Posteriormente, en la STC (Pleno) 78/2010, de 20 de octubre (RTC 2010, 78), desestima el amparo, pues considera que el planteamiento de la cuestión prejudicial sólo resultará preciso, desde la perspectiva del art. 24 CE, cuando concurran los presupuestos fijados por el derecho comunitario, cuestión que corresponde apreciar a los jueces y tribunales de la jurisdicción ordinaria (véase fundamento jurídico 2), y en este caso no podía entenderse procedente, dando por buena en este caso la inaplicación de una disposición autonómica interna por oposición al Derecho europeo; además se trata de una sentencia donde el TC parece asumir sin complejos la doctrina del acto aclarado y del acto claro del Tribunal de Justicia. No obstante, posteriormente hay algunas sentencias como las SSTC 27/2013, de 11 de febrero (RTC 2013, 27), 212/2014, de 18 de diciembre (RTC 2014, 212), y 99/2015, de 25 de mayo (RTC 2015, 99), en las que las resoluciones judiciales que deciden aplicar una disposición interna sin plantear una cuestión prejudicial son dadas por buenas, al cumplir la exigencia de una suficiente exteriorización de los criterios jurídicos que las fundamentan, no tratándose de interpretaciones manifiestamente irrazonables de la legalidad ordinaria. Las dos primeras motivaron un voto particular de la Magistrada Adela Asúa que entendía que había un cambio de la doctrina del Tribunal desfigurando la doctrina del Tribunal de Justicia. El mantenimiento de la doctrina constitucional que ampara en los casos de inaplicación de una ley interna sin plantear una cuestión prejudicial podría deducirse que la doctrina constitucional difiere en función de si la consecuencia de la falta de planteamiento de la cuestión prejudicial por el juez nacional es o no la inaplicación de una ley interna, véase, por todas, STC 37/2019, de 26 de marzo (RTC 2019, 37) ya citada.

224. ATC 86/2011, de 9 de junio (RTC 2011, 86 AUTO).

225. STC 145/2012, de 2 de julio (RTC 2012, 145), fundamento jurídico 7. En el mismo sentido, véase STC 13/2017, de 30 de enero (RTC 2017, 13).

226. FENWICK, M.; Y WRBKA, S., «The Shifting Meaning of Legal Certainty», FENWICK, M.; Y WRBKA, S., (eds.), Legal Certainty in a Contemporary Context, Springer, Cham, 2016, p. 2.

–fundamental– del derecho de la UE, como parte de su ambición para superar las limitaciones de los tratados, y determinación para ejercer el control del ejercicio del poder[227], aunque además de como principio general paradigmático del derecho UE, opera también como límite a la plena aplicación del mismo[228].

No obstante, a pesar de la firmeza de una resolución administrativa, la seguridad jurídica tiene límites.

Aunque inicialmente el Tribunal de Justicia pareció dar una relevancia determinante al principio de primacía frente a las resoluciones administrativas firmes[229], en *Kühne & Heitz* matiza esta cuestión, pues tiene oportunidad de afirmar la importancia del principio de seguridad jurídica, en relación con las resoluciones administrativas, afirmando que el Derecho comunitario no exige *per se* que un órgano administrativo esté obligado, en principio, a reconsiderar una resolución administrativa que hubiera adquirido firmeza[230], permitiendo por tanto una modulación del principio de primacía a través de la seguridad jurídica[231]. Se trata también, en definitiva, de dar una respuesta al necesario equilibrio con la interpretación uniforme del Derecho de la UE[232].

Así, en *Kühne & Heitz*, constata que el órgano administrativo estará obligado a examinar de nuevo una resolución administrativa firme, para tener en consideración una interpretación del Tribunal de Justicia sobre una disposición de Derecho europeo, cuando se dan las siguientes condiciones:

---

227. WEATHERILL, S., Law and Values in the European Union, Oxford University Press, Oxford, 2016, p.133. Aunque se puede reconocer una cierta regulación expresa del principio de seguridad jurídica o, como se ha dicho, de una codificación parcial, en particular en el art. 41 de la Carta de Derecho Fundamentales de la Unión Europea, debemos considerar –siguiendo a este autor– que tal y como está configurado en la Carta únicamente sería aplicable a las instituciones europeas, vinculando a los Estados miembros como un principio general, como el propio Tribunal de Justicia ha enfatizado en la Sentencia del Tribunal de Justicia de 11 de diciembre de 2014, *Boudjlida*, C-249/13, EU:C:2014:2431, apartados 30 y ss. Véasc MARTÍN RODRÍGUEZ, P., «The principle of legal certainty and the limits to the applicability of EU law», Cahiers Droit Européen, núm.1 (2016), p. 136.

228. MARTÍN RODRÍGUEZ plantea que metodológicamente podemos buscar e identificar cinco diferentes escenarios o situaciones legales de carácter funcionan donde el principio de seguridad jurídica puede jugar un papel de limitación de una plena aplicación del Derecho de la UE: limitando la validez de normas jurídicas, limitando su aplicación, limitando sus efectos interpretativos sobre otras normas, previniendo la reparación del incumplimiento del Derecho de la UE, o previniendo las consecuencias totales del incumplimiento del Derecho de la UE. Véase MARTÍN RODRÍGUEZ, P., «The principle of legal certainty and the limits to the applicability of EU law», op. cit. nota 157, pp. 130-139.

229. Véase *Ciola*, antes citada, apartados 25 y ss. En esta sentencia, como hemos señalado antes, el Tribunal de Justicia concreta que la primacía del Derecho de la UE no solo desplaza las disposiciones administrativas de carácter general, sino también las individuales y concretas, es decir, los actos administrativos contrarios al derecho comunitario, puesto que la primacía no dependería de la naturaleza de la disposición interna.

230. Sentencia del Tribunal de Justicia de 13 de enero de 2004, *Kühne & Heitz*, C-453/00, EU:C:2004:17, apartado 24.

231. Véase en el mismo sentido, entre otras, la Sentencias del Tribunal de Justicia de 3 de septiembre de 2009, *Fallimento Olimpiclub*, C-2/08, EU:C:2009:506.

232. MARTINICO, G., The Tangled Complexity of the EU Constitutional Process, Routledge, Londres y Nueva York, 2013, p. 147.

a) dispone de esta facultad conforme al derecho interno;

b) la resolución administrativa ha adquirido firmeza a raíz de una sentencia judicial[233];

c) la sentencia judicial resuelve en última instancia basándose en una interpretación del Derecho de la UE que a la luz de la jurisprudencia del Tribunal de Justicia posterior es errónea, y se ha adoptado sin someter cuestión prejudicial ante el mismo; y

d) el interesado se dirige al órgano administrativo de forma inmediata después de tener conocimiento de la jurisprudencia del Tribunal de Justicia[234].

Se trata de requisitos claramente restrictivos y difíciles de cumplir[235], y que al estar fundados en el ordenamiento jurídico interno y corresponder a las autoridades nacionales la valoración de la situación concreta a la luz del mismo, puede tener repercusiones serias para los derechos de los individuos, y plantear dificultades en ciertos Estados miembros, con soluciones diversas[236], que puede afectar en última instancia a una homogénea efectivad del Derecho europeo en todo el territorio de la Unión Europea.

A pesar de que la sentencia trataba sobre la revisión de resoluciones administrativas firmes precisamente como consecuencia de una decisión judicial con efectos de cosa juzgada –que interpreta erróneamente el Derecho comunitario–[237], a diferencia del Abogado General Léger, que había aclarado en sus conclusiones que el Derecho comunitario podía primar sobre la cosa juzgada, el Tribunal de Justicia prefirió no abordar la cuestión de los efectos de la primacía sobre la sentencia judicial[238]; cuestión sobre la que volveremos en el siguiente apartado.

En diversas sentencias se confirma esta doctrina, e interesa destacar, por ejemplo, que en la sentencia *Kempter*, el Tribunal de Justicia concreta que no es necesario haber alegado o invocado el Derecho de la Unión en el marco del recurso judicial, así como que la revisión de la resolución administrativa firme no está sujeta, desde el punto de vista del Derecho comunitario, a un límite temporal determinado si bien los Estados

---

233. Esto evidencia la existencia de una conexión con la *res iudicata*, pues una resolución judicial ha confirmado una decisión administrativa y, por tanto, los propios efectos de la cosa juzgada protegerían la decisión administrativa; sin embargo, es una cuestión y una línea argumental que el Tribunal de Justicia va a preferir ignorar aquí.

234. Sentencia *Kühne & Heitz,* antes citada, apartados 27 y 28.

235. CHALMERS, D., DAVIES, G., MONTI, G., European Union Law: Text and Materials, 3ª edición, Cambridge University Press, Cambridge, 2014, p. 95.

236. GROUSSOT, X. y MINSSEN, T., «Res Judicata in the Court of Justice Case Law: Balancing Legal Certainty with Legality?», European Constitutional Law Review, núm. 3 (2017), p. 401.

237. Se puede afirmar que se trata de la revocación por la Administración Pública de decisiones administrativas previas confirmadas judicialmente, y que por tanto afectan de forma únicamente indirecta a la decisión judicial. Véase VARGA, S., «Retrial in the member States on the Ground of Violation of EU Law», ELTE Law Journal, núm.1 (2017), p. 58.

238. KREMER, C., «Los límites de la cosa juzgada en el Derecho de la Unión Europea», Revista de Derecho de la Pontificia Universidad Católica de Valparaíso, núm. 35 (2010), p. 209.

miembros sí pueden sujetarla a unos plazos razonables[239], lógicamente, porque lo que se trata es de que el Derecho de la UE sea efectivo, es decir, que los derechos que confiere no sean imposibles de satisfacer o muy difíciles.

Ahora bien, ¿cómo afecta la primacía y la efectividad del Derecho de la UE a la cosa juzgada, que está tan estrechamente vinculada con la seguridad jurídica? En el siguiente apartado vamos a ver como se proyecta la efectividad del Derecho europeo, y por tanto de los derechos que el mismo reconoce sobre las resoluciones judiciales firmes, y por tanto sobre la cosa juzgada, que puede constituir un límite a la efectividad.

3. LA PROYECCIÓN DE LA EFECTIVIDAD DEL DERECHO DE LA UNIÓN EUROPEA SOBRE LOS TRIBUNALES, Y EN PARTICULAR SOBRE LAS RESOLUCIONES JUDICIALES FIRMES[240]

Es sabido que la efectividad del orden jurídico europeo, del Derecho de la UE se proyecta también sobre los tribunales, que están sometidos al imperio de la ley (117.1 CE), y de hecho, aparte de la propia vinculación que dimana de la jurisprudencia del Tribunal de Justicia, la propia Ley Orgánica del Poder Judicial dispone ya en su art. 4 bis la obligación de aplicar el Derecho de la UE de conformidad con la jurisprudencia del Tribunal de Justica.

Ahora bien, el principio de seguridad jurídica, del que ya hemos hecho referencia en el apartado anterior, con todas sus particularidades, tiene como una de sus consecuencias más características, en el Estado de Derecho, lo que se suele denominar como cosa juzgada (*res iudicata*), que es una institución jurídica de enorme interés, desde luego en el Derecho procesal, aunque también para otras áreas en el amplio Derecho público, si bien su conceptualización y rasgos no son siempre de fácil precisión.

En efecto, el principio del valor o la autoridad de la cosa juzgada forma parte del propio orden jurídico la UE, aunque no ha sido objeto de regulación, pues el propio Tribunal de Justicia lo ha asumido en su jurisprudencia como un principio propio de ese ordenamiento, que es además común a los sistemas jurídicos de los Estados miembros, aunque no goce o tenga siempre el mismo significado[241].

No obstante, podemos tratar de extraer algunos elementos esenciales. Así, cabe entender por fuerza de cosa juzgada los efectos que produce una sentencia (o una resolución equivalente) que es firme, y que implica que no es impugnable (cosa juzgada

---

239. Sentencia del Tribunal de Justicia de 28 de febrero de 2008, *Kempter*, C-2/06, EU:C:2008:78, apartados 46 y 60.

240. Seguimos aquí lo planteado y desarrollado en SARRIÓN ESTEVE, J., «Apuntes sobre la autoridad de la *res iudicata* en la jurisprudencia del Tribunal de Justicia de la Unión Europea», op. cit.

241. TORRALBA-MENDIOLA, E., Y RODRÍGUEZ-PINEAU, E., «Two'S Company, Three'S a Crowd: Jurisdiction, Recognition and Res Judicata in the European Union», Journal of Private International Law, vol. 10, núm. 3 (2014), p. 419.

formal). Además, en el caso de que se haya resuelto sobre el fondo del asunto, en la medida en que la verdad real es *per se* inalcanzable, se habría alcanzado la verdad judicial, que es *pro veritate habetur*, por ello, la doctrina procesal, coincide en definir la cosa juzgada material como, no sólo, por un lado la imposibilidad de reiterar la solicitud o petición de tutela judicial enfrenta ante los tribunales, cuando sobre el asunto ya existe entre las mismas partes una respuesta judicial, sino también, por otro lado, la obligación de partir de esta respuesta cuando su contenido tenga una relación de dependencia, conexión o prejudicialidad con el litigio que se resuelve en procesos sucesivos[242].

Desde luego, aunque la cosa juzgada forma parte del ordenamiento jurídico de la UE nos interesa en cuanto que cosa juzgada nacional[243]. Puede ocurrir que una decisión judicial nacional con fuerza de cosa juzgada haya vulnerado el Derecho de la Unión Europea, bien por error u omisión, o porque de forma manifiesta se ha pretendido hacerlo, la causa es lo de menos.

Se suele entender que podemos vincular la cosa juzgada con diversas líneas jurisprudenciales del Tribunal de Justicia, tanto la referida a la responsabilidad del Estado miembro como la de la revisión de decisiones firmes[244], o incluso también con la línea referida al recurso por incumplimiento[245]; pero aquí no interesa en estos momentos, o mejor dicho, nos interesan menos las eventuales consecuencias que el incumplimiento del Derecho de la UE, aunque sea producto de una sentencia firme, puede producir desde el punto de vista de la responsabilidad del Estado miembro[246] o respecto al procedimiento que por incumplimiento (procedimiento de infracción) podría iniciar la Comisión Europea, supuestos en los que parece que no hay una obligación de modificación de la decisión judicial más allá de la constatación del incumplimiento[247]; aunque sin duda hay una obligación de reparación por parte de las autoridades nacionales, es decir, de indemnizar por los daños causados y/o solucionar el incumplimiento para garantizar la efectividad del Derecho europeo.

---

242. Véase CALAZA, S., «La cosa juzgada material», La Ley, núm. 10919 (2011).

243. El desarrollo del principio de cosa juzgada en el derecho procesal de la UE, sin duda también de interés, responde a las influencias de los derechos procesales nacionales, mayoritariamente el francés, vid. TURMO, A., «La efectividad del derecho de la Unión Europea como motivo de protección de la cosa juzgada nacional: nota sobre la sentencia de 24 de octubre de 2018, XC y otros», Revista de Derecho Comunitario Europeo, núm. 63 (2019), pp. 601-603.

244. GROUSSOT, X. y MINSSEN, T., «Res Judicata in the Court of Justice Case Law: Balancing Legal Certainty with Legality?», op. cit., p. 386.

245. KREMER, C., «Los límites de la cosa juzgada en el Derecho de la Unión Europea, op. cit., p. 200.

246. Sentencias del Tribunal de Justicia de 30 de septiembre de 2003, *Köbler*, C-224/01, EU:C:2003:513; y de 13 de Junio de 2006, *Traghetti*, C-173/03, EU:C:2006:391.

247. Es verdad que respecto al procedimiento de incumplimiento, una eventual declaración por parte del Tribunal de Justicia se plantean dificultades, como señala Kremer, y hay discusión en la doctrina sobre la existencia de efectos *ex nunc* de la eventual sentencia y si genera o no una obligación de corregir la sentencia que ha motivado el incumplimiento, si bien parece la mayoría de autores entiende que no se daría esta obligación, véase KREMER, C., «Los límites de la cosa juzgada en el Derecho de la Unión Europea, op. cit., pp. 200 y ss., opinión que comparto.

Sin embargo, como se ha dicho con elocuencia la eventual responsabilidad por daños puede consolar en algunos casos, pero no repara la injusticia, e incluso en otros supuestos puede que no sirva de mucho cuando se mantiene una discriminación o se impide la efectividad de los derechos que se pretendían, y tampoco parece que esperar que la Comisión Europea eventualmente inicie un procedimiento de incumplimiento pueda ser relevante para el individuo[248].

Ahora bien, aunque la regla general es que el principio de cosa juzgada supone una limitación a la primacía[249], sí pueden existir ocasiones en las que, desde el punto de vista del Derecho de la Unión, procede realizar en la ponderación una eventual limitación de los efectos de la propia fuerza de cosa juzgada, como hemos visto antes con las resoluciones administrativas firmes. Porque, si bien es cierto que solucionar la ponderación con la prevalencia del principio de primacía llevaría al vaciamiento del valor de la cosa juzgada, tampoco es posible admitir una fuerza absoluta de la misma que dejaría sin efectividad al Derecho de la UE, o haría, al menos que esa efectividad fuera irreconocible, y por tanto también la de los propios derechos que forman parte del orden jurídico europeo.

Por ello, a pesar de que la aproximación casuística puede afectar al propio principio de seguridad jurídica[250], no es menos cierto que de momento no se ha encontrado una mejor solución, pero vamos a tratar de identificar algunas reglas sistemáticas sobre la ponderación del conflicto[251].

Así, en el caso *Eco Swiss* el Tribunal de Justicia ya tuvo ocasión de reconocer la justificación de que gozaban las normas nacionales que limitan la posibilidad de revisar un laudo arbitral con fuerza de cosa juzgada, por «los principios básicos del sistema jurisdiccional nacional, como los de seguridad jurídica y respeto de la cosa juzgada, que constituye su expresión», no obligando a no aplicar tales normas, aunque fuera necesario para examinar en un laudo arbitral posterior si el contrato declarado válido podía ser nulo desde el punto de vista del derecho comunitario[252].

---

248. KORNEZOV, A., «Res Iudicata of National Judgements incompatible with EU Law: Time for a major rethink?», Common Market Law Review, vol. 51, núm. 3 (2014), p. 810.

249. En el sentido de que su capacidad más importante es la de impedir que la primacía despliegue sus efectos sobre el conflicto, véase LÓPEZ ESCUDERO, A., «Primacía del Derecho de la Unión Europea y sus límites en la jurisprudencia reciente del TJUE», *op. cit.*, p. 805.

250. KESSEDJIANM, C., «L'autorité de la chose jugée et l'effectivité du droit européen», ERA Forum, núm. 11 (2010), pp. 263–279.

251. Hay que reconocer, por otro lado, que la metodología que se suele utilizar para el análisis jurispruden-cial y la identificación de líneas jurisprudenciales es limitada por esencia. Se trata de métodos empíri-cos de búsqueda de sentencias por palabras clave, o teniendo en consideración guías jurisprudenciales o la literatura más relevante sobre el tema, pero esto no es sino una metodología de aproximación al caso, que si bien puede servir para el estudio de la realidad de una institución jurídica en la juris-prudencia, no deja de implicar el uso de reglas heurísticas, y por tanto, está afectada de las propias limitaciones intrínsecas al propio sistema metodológico.

252. Sentencia del Tribunal de Justicia de 1 de junio de 1999, *Eco Swiss*, C-126/97, EU:C:1999:269, apar-tados 47 y 48.

Esto ya anticipaba la respuesta que daría para un caso en el que se tratara de la fuerza de cosa juzgada de una resolución judicial. Es en *Kapferer* (2006) donde el Tribunal de Justicia, en un tema vinculado a la protección al consumidor[253], tiene la oportunidad de enfrentarse a este problema: ¿El Derecho de la UE obliga a inaplicar una disposición nacional que atribuye fuerza de cosa juzgada a una resolución para corregir una violación del derecho comunitario? La respuesta, no por más anticipada menos importante, es que no[254].

La Sra. Kampferer, ciudadana austríaca, pretendía cobrar un premio de una sociedad alemana de venta por correo porque en un envío nominal dirigido a la primera, le había dado la impresión de que lo había obtenido, y lo reclamó en vía judicial. Aunque la sociedad alemana alegó la excepción de jurisdicción, el órgano judicial austríaco admitió la demanda, si bien resolvió sobre el fondo desestimando las peticiones de la Sra. Kapferer, que recurrió en apelación. El demandado no apeló porque, a pesar de que no se resolvió a su favor la excepción de jurisdicción, la resolución de instancia le había sido favorable en el fondo. El órgano judicial alemán que conoce de la apelación planteó una cuestión prejudicial ya que entendía que la cuestión de la aplicabilidad del foro del consumidor podía ser perjudicial para la demandada, y albergaba dudas de que una promesa de premio engañosa para la incitación de celebración de un contrato, pero de carácter preparatorio, presentara una relación suficientemente estrecha con la celebración de un contrato de consumo para determinar la competencia del foro del consumidor; sin embargo la sociedad alemana no impugnó esta cuestión, adquiriendo esta desestimación de la declinatoria fuerza de cosa juzgada respecto a la competencia internacional, pero pregunta si conforme al derecho comunitario podría examinar de nuevo esta cuestión, con el fundamento del principio de cooperación leal, y aplicando la doctrina *Kühne &Heinz* antes vista[255].

El Tribunal de Justicia recuerda la importancia del principio de fuerza de cosa juzgada en el ordenamiento jurídico comunitario y en los ordenamientos jurídicos nacionales, para garantizar tanto la propia estabilidad del Derecho como de las relaciones jurídicas, como de buena administración de justicia[256], citando las sentencia *Köbler*[257] y constatando, como en *Eco Wiss*, que el derecho comunitario no obliga a no aplicar las normas internas que confieren fuerza de cosa juzgada aunque ello permitiera subsanar una vulneración del mismo, siempre que la regulación procesal interna respete los

---

253. En varias ocasiones, como vamos a ver, el Tribunal de Justicia se pronuncia sobre el principio de seguridad jurídica, y en particular sobre la fuerza de cosa juzgada en relación con la efectividad del derecho comunitario cuando se trata de garantizar la protección al consumidor.

254. Sentencia *Kapferer*, ya citada.

255. Sentencia *Kapferer*, apartados 16 y 17.

256. Sentencia *Kapferer*, citada supra, apartado 20.

257. Aquí el Tribunal de Justicia razona que la importancia de la fuerza de cosa juzgada –citando *Eco Swiss*– pero esto no excluye la responsabilidad de los Estados miembros por incumplimiento del derecho comunitario, que puede derivar de una resolución de un órgano jurisdiccional que resuelva en última instancia, y que no cuestiona la fuerza de cosa juzgada. Véase la Sentencia *Köbler*, ya citada, apartados 38 y 39.

principios de equivalencia y de efectividad[258]; lo que no desvirtúa la doctrina *Kühne & Heitz*, que podría ser aplicable por tanto no sólo a las decisiones administrativas firmes, sino también a las judiciales o, al menos queda abierta esta posibilidad a pesar de las diferencias notables existentes entre decisiones administrativas firmes y decisiones judiciales firmes, por la fuerza de cosa juzgada (*res iudicata*) de estas últimas, si bien condicionada a que la normativa procesal interna faculte al órgano judicial a examinar de nuevo la decisión firme[259].

Aunque se ha apuntado que parece que el Tribunal de Justicia no haya querido tomar una postura clara, dejando sin contestar si la doctrina de *Kühne & Heitz* era aplicable a las decisiones judiciales[260]; lo cierto es que el desarrollo de la jurisprudencia del Tribunal de Justicia deja la puerta abierta a revisar las decisiones judiciales firmes con efectos de cosa juzgada, incluso sin los restrictivos requisitos establecidos en la doctrina *Kühne & Heitz*, como vamos a ver más abajo[261]. No obstante, al depender de la legislación interna, y de la valoración que se haga del Derecho interno por los jueces nacionales, puede llegar a tratarse de un supuesto de carácter excepcional, y por tanto de un sendero estrecho y tortuoso para la efectividad del Derecho europeo.

Se ha considerado también por algunos relevantes autores que *Kapferer* «no ha encontrado aún un perfecto encaje en la jurisprudencia del Tribunal de Justicia», sobre todo desde el desarrollo de la línea jurisprudencial de *Rheinmühlen* I (1974)[262], que atribuye al juez nacional la facultad de plantear la cuestión prejudicial ante el Tribunal de Justicia incluso cuando de forma previa se haya pronunciado el tribunal nacional superior, y esta línea jurisprudencial confirmada en numerosas ocasiones no tendría un fácil encaje con los principios de seguridad jurídica y estabilidad normativa que se derivan de *Kapferer*, como planteó el Abogado General Cruz Villalón en *Elchinov* (2010)[263], o la línea jurisprudencial relativa a las ayudas del Estado donde el Tribunal de Justicia «se ha mostrado vacilante a la hora de admitir que la fuerza de cosa juzgada de una sentencia nacional tenga efectos sobre el derecho de la Unión», manteniéndose aún esta[264].

Ciertamente, podemos decir que el principio de fuerza juzgada tiene una compleja conjugación con estas líneas jurisprudenciales. Así, en *Lucchini* (2007) el Tribunal

---

258. Sentencia *Kapferer*, ya citada, apartados 21 y 22.

259. Sentencia *Kapferer*, ya citada, apartado 23.

260. GROUSSOT, X. y MINSSEN, T., «Res Judicata in the Court of Justice Case Law: Balancing Legal Certainty with Legality?», op. cit., p. 408; KREMER, C., «Los límites de la cosa juzgada en el Derecho de la Unión Europea», op. cit., p. 213.

261. Se trata, en definitiva, de aprovechar todas las opciones existentes en derecho interno que faciliten la efectividad del Derecho de la UE, como muy bien ha dicho TURMO, A., «La efectividad del derecho de la Unión Europea como motivo de protección de la cosa juzgada nacional: nota sobre la sentencia de 24 de octubre de 2018, XC y otros», op. cit., p. 608.

262. Sentencia del Tribunal de Justicia de 16 de enero de 1974, *Rheinmühlen I*, C-166/73, EU:C:1974:3.

263. Conclusiones del Abogado General Cruz Villalón, presentadas el 10 de junio de 2010, *Elchinov*, C-173/09, EU:C:2010:336.

264. SARMIENTO, D., El Derecho de la Unión Europea, op. cit., p. 322.

considera contraria al derecho comunitario la aplicación de una disposición nacional que consagra la fuerza de cosa juzgada cuando esta aplicación constituye un obstáculo para la recuperación de una ayuda de Estado concedida en incumplimiento del Derecho comunitario, habiendo declarado de forma firme la Comisión Europea la incompatibilidad[265].

Se ha subrayado que en *Lucchini* el Tribunal de Justicia no cita las referidas antes *Kühne & Heitz* ni *Kapferer*, sino las sentencias *Simmenthal* y *Factortame*, a las que ya hemos hecho referencia en otro apartado, donde el conflicto se resuelve en favor de la efectividad del derecho comunitario, así la clave en *Lucchini* parece ser el aseguramiento de la distribución de competencias entre la Comisión y los tribunales de los Estados[266], siendo competencia exclusiva de la primera la determinación de la compatibilidad de las ayudas con el Derecho europeo[267] y por consiguiente de plena jurisdicción del Tribunal de Justicia[268] y, además, no había otra opción para garantizar la efectividad Derecho de la UE que limitar la fuerza de la cosa juzgada[269].

Si bien, en efecto, *Lucchini* ha sido objeto de críticas, sobre todo apuntando a la relevancia que podía tener un cambio de jurisprudencia que afectara a la intangibilidad de la cosa juzgada, también se ha considerado que era un caso con unas especiales características, comprendiendo que, además, el tribunal nacional había desatendido la importante normativa europea sobre ayudas de Estado[270], y que incluso se podría identificar en el espíritu de la sentencia que el Tribunal de Justicia consideraba la sentencia nacional afectada como *ultra vires*, al no tener el juez nacional competencia para pronunciarse sobre la compatibilidad de la ayuda estatal con el mercado[271].

Pero a pesar de sus especiales características no deja de ser reseñable que la primacía del derecho comunitario permita inaplicar normas procesales internas que atribuyen a una sentencia judicial fuerza de cosa juzgada y que impiden por tanto su revisión, para garantizar la efectividad del Derecho de la UE.

Sin embargo, y dadas las particularidades del tema competencial, no parece que podamos extraer de *Lucchini* que, con carácter general, las condiciones establecidas

---

265. Sentencia del Tribunal de Justicia de 18 de julio de 2007, *Lucchini,* C-119/05, EU:C:2007:434, apartados 59-63.

266. MARTÍN RODRÍGUEZ, P., «Res judicata pro veritate habetur c. Primacía del Derecho comunitario: un combate por librar?», Revista Española de Derecho Europeo, núm. 24, (2007), pp. 521-557; también en «The principle of legal certainty and the limits to the applicability of EU law», op. cit., p. 134.

267. KREMER, C., «Los límites de la cosa juzgada en el Derecho de la Unión Europea», op. cit., pp. 214-215.

268. GROUSSOT, X. y MINSSEN, T., «Res Judicata in the Court of Justice Case Law: Balancing Legal Certainty with Legality?», op. cit., p. 414.

269. KREMER, C., «Los límites de la cosa juzgada en el Derecho de la Unión Europea», op. cit., pp. 214-215.

270. MENGOZZI, P., La tutela davanti ai giudici nazionali dei diritti riconosciuti ai singoli ed i principi generali del diritto dell'Unione, Giufrrè Editore, Quaderni della Rivista– Il Diritto dell'Unione Europea, Milán, 2011, pp. 82-83.

271. MARTINICO, G., The Tangled Complexity of the EU Constitutional Process, op. cit., p.147.

en *Kühne & Heitz* no son aplicables a la revisión, con carácter general, de decisiones judiciales; sino únicamente cuando estemos en un tema de competencia exclusiva de la Comisión Europea[272].

En la interesante sentencia *Fallimento Olimpiclub* (2009)[273], se dilucida precisamente si *Lucchini* había abierto la puerta a una tendencia jurisprudencia de relativizar el valor de la fuerza de la cosa juzgada. Se trataba de un asunto de IVA, y el juez remitente planteaba la aplicabilidad o no de la importante jurisprudencia del Tribunal de Justicia en materia de IVA (por todas, *Halifax*, 2006)[274], a un litigio sobre un ejercicio fiscal sobre el que no había recaído aún sentencia, pero al que conforme una disposición nacional le eran aplicables dos resoluciones judiciales firmes, con fuerza de cosa juzgada, que habían resuelto respecto de la misma sociedad dos ejercicios fiscales diferentes, y que podía motivar la no revisión de un eventual resultado contrario al derecho comunitario, en sectores distintos a las ayudas de Estado (como era el caso de *Lucchini*), en particular respecto al IVA y la posible elusión indebida del mismo.

Pues bien, en esta sentencia el Tribunal de Justicia recuerda la importancia del principio de fuerza de cosa juzgada, a fin de garantizar tanto la estabilidad del Derecho – se podría decir del orden jurídico– y de las relaciones jurídicas como la propia administración de justicia, que hace que no puedan impugnarse resoluciones judiciales que hayan adquirido firmeza, citando *Köbler* y *Kapferer*, de forma que el Derecho de la UE no obliga a dejar de aplicar las normas procesales internas que atribuyen fuerza de cosa juzgada, aunque esto permitiera subsanar una vulneración del derecho de la Unión, y el sistema de aplicación del principio de fuerza de cosa juzgada se rige por el Derecho interno, en virtud del principio de autonomía procesal, siempre condicionado a los principios de equivalencia y efectividad; apreciando el caso especial de *Lucchini*, que no puede poner en cuestión esto, porque se refería a una situación particular donde se discutían los principios de reparto competencial en materia de ayudas de Estado, que son competencia exclusiva[275].

Sin embargo, aunque este planteamiento parece auspiciar la conservación de la fuerza de cosa juzgada, el Tribunal de Justicia realiza un análisis concreto de los efectos de estas dos sentencias, y más en particular de que su errónea apreciación podría tener como consecuencia la aplicación incorrecta de las normas comunitarias sobre

---

272. En cambio, Groussot y Minssen sostienen, en cambio, que la revisión de decisiones administrativas y judiciales firmes, dada su diferente naturaleza son muy distintas, y no cabría una traslación, *mutatis mutandis*, de las condiciones de al ámbito de las decisiones judiciales, lo que quedaría acreditado en la contención del Tribunal de Justicia en *Kapferer*, así como en la propia *Lucchini*, donde se prefiere optar por seguir la estela de *Simmenthal*, excluyendo por descontado la aplicabilidad de la primera condición, esto es, que haya una facultad de revisión en la normativa interna respecto a un tema de competencia exclusiva de la Comisión Europea como ocurriría en *Lucchini*. Véase GROUSSOT, X. y MINSSEN, T., «Res Judicata in the Court of Justice Case Law: Balancing Legal Certainty with Legality?», op. cit., p. 416.

273. Sentencia *Fallimento Olimpiclub*, ya citada.

274. Sentencia del Tribunal de Justicia de 21 de febrero de 2006, *Halifax y otros*, C-255/02, EU:C:2006:121.

275. Sentencia *Fallimento Olimpiclub*, ya citada, apartados 22-25.

prácticas abusivas en materia de IVA contraria al derecho comunitario, que se reproduciría en cada ejercicio fiscal, sin posibilidad de corrección, lo que lleva a que en estas circunstancias considere que se trata de obstáculos de un envergadura suficiente para que no estén razonablemente justificados por el principio de seguridad jurídica y sean contrarios al principio de efectividad[276]. Por ello, se puede afirmar que esta sentencia reviste una importancia determinante, al constituir una regla de excepción a la regla general de preservación de la cosa juzgada.

En la no menos interesante *Impresa Pizzarotti* (2014)[277], en un caso de adjudicación de un contrato de obra pública, el Tribunal de Justicia, además de resolver la cuestión del concepto y naturaleza del contrato de obras, responde a la posibilidad de corregir una sentencia con efectos de cosa juzgada para su adecuación al derecho de la Unión. El órgano judicial que había planteado la cuestión prejudicial, consciente de que una resolución judicial previa suya con efectos de cosa juzgada podría haber eventualmente vulnerado el Derecho europeo, pregunta si podría dejarla por ineficaz, o bien modularla dado que según su propia jurisprudencia puede –con determinados requisitos– completar su fallo en la ejecución dando lugar a lo que se llama cosa juzgada en formación progresiva[278].

La sentencia vuelve a insistir en la importancia de la cosa juzgada y que *Lucchini* es un caso muy particular, y sostiene que el Derecho de la UE no exige que un órgano nacional, como regla general, deba reconsiderar una resolución con carácter de cosa juzgada, si bien cuando las normas procesales nacionales lo permiten para restablecer la conformidad de la situación con el Derecho interno, atendiendo a los principios de efectividad y equivalencia, también debe prevalecer esta posibilidad con el derecho de la Unión en materia de contratos públicos de obras[279]. Pero esto, entiendo, no es sino una aplicación y desarrollo de la doctrina *Kapferer*, antes apuntada.

En *Târşia* (2015)[280] insiste en que no hay, como regla general, una exigencia por parte del Derecho de la UE que obligue, en aras de su efectividad, a inaplicar una norma procesal nacional que atribuye fuerza de cosa juzgada a una resolución, aunque con ello se pudiera subsanar el incumplimiento del Derecho de la UE, recordando la importancia del principio de fuerza de cosa juzgada, y citando la sentencia *Impresa Pizzarotti*, salvo que en las normas procesales nacionales permitieran la revisión de la cosa juzgada, pues aplicando los principios de equivalencia y efectividad, sí debería

---

276. *Ibid.*, apartados 30-31.

277. Sentencia del Tribunal de Justicia de 10 de julio de 2014, *Impresa Pizzarotti*, C-213/13, EU:C:2014:2067.

278. *Ibid.*, apartados 53-55.

279. *Ibid.*, apartados 59-64.

280. Sentencia del Tribunal de Justicia de 6 de octubre de 2015, *Târşia*, C-69/14, EU:C:2015:662. Para un análisis en particular de esta sentencia, véase el comentario SOWERY, K., «Equivalent treatment of Union rights under national procedural law: Tarsia», Common Market Law Review, núm. 6 (2016), pp. 1705-1726.

restablecerse la conformidad con el derecho de la Unión[281]. Sin embargo, estos principios no se oponen a una regulación procesal como la nacional que no atribuye esta posibilidad al juez nacional en los procedimientos civiles, aunque sí lo haga en los administrativos[282]. En una línea similar a *Târşia*, también es destacable *XC y otros*[283], donde el Tribunal de Justicia razona que los principios de equivalencia y efectividad no exigen tampoco al juez nacional que amplíe el ámbito de aplicación de una vía de recurso de Derecho interno que permite la repetición de un procedimiento penal para los supuestos de violación del Convenio Europeo de Derechos Humanos[284].

Los razonamientos del Tribunal de Justicia en *Târşia*, y en *XC y otros*, manifiestan que la efectividad del Derecho de la UE, y en particular la exigencia derivada del principio de equivalencia solo exige aplicar para el propio Derecho de la UE las opciones que prevé el ordenamiento jurídico nacional para el propio Derecho interno en un procedimiento en un supuesto similar o equivalente, sin que sean trasladables las opciones de revisión previstas en otros procedimientos internos de distinto orden, o por violaciones de un derecho internacional[285].

También trata de la fuerza de la cosa juzgada en la conocía por sus efectos en España sentencia *Gutiérrez Naranjo*[286], cuando el Tribunal de Justicia resuelve sobre la aplicabilidad de la Sentencia del Tribunal Supremo de 9 de mayo de 2003[287] que limitaba los efectos de la declaración de nulidad de una cláusula suelo, por su carácter abusivo o falta de transparencia, integrada en los contratos de préstamos bancarios celebrados en España entre diversas entidades bancarias y consumidores. Si bien nuestro Tribunal Supremo había declarado que con carácter general las cláusulas suelo, esto es, aquellas cláusulas que establecen un límite o suelo a la bajada de tipo de interés en

---

281. Sentencia *Târşia*, cit. apartados 28 y ss.

282. *Ibid.*, apartado 41; procedería para el restablecimiento el inicio de un procedimiento de responsabilidad patrimonial, apartado 40 de la sentencia, citando a *Köbler*, apartado 34.

283. Sentencia del Tribunal de Justicia de 24 de octubre de 2018, *XC y otros*, C-234/17, EU:C:2018:853.

284. *Ibid.*, apartados 54 y 55. Para un análisis exhaustivo de esta sentencia se puede acudir al sugerente comentario de TURMO, A., «La efectividad del derecho de la Unión Europea como motivo de protección de la cosa juzgada nacional: nota sobre la sentencia de 24 de octubre de 2018, XC y otros», *op. cit.*

285. Un poco distinta pero reseñable aquí por su conexión a lo comentado es *Călin* (2019), donde existiendo un procedimiento de revisión de resoluciones judiciales firmes en el derecho rumano por violación del Derecho de la UE, lo que se plantea es si una sentencia puede interpretar y condicionar esa revisión al plazo de un mes; entendiendo el Tribunal de Justicia, tras recordar la importancia de la cosa juzgada, que esto es compatible en principio con el Derecho europeo, siempre que respete los principios de equivalencia y efectividad, pero este plazo preclusivo no era exigible en el caso particular que suscita la cuestión prejudicial, pues la afectada había interpuesto la demanda de revisión con antelación a la publicación de la sentencia que fijó el plazo aplicable, vinculando esta decisión al principio de seguridad jurídica y de confianza legítima. Vid. Sentencia del Tribunal de Justicia de 11 de septiembre de 2019, *Călin*, C-676/17, EU:C:2019:700, apartados 50-53.

286. Sentencia del Tribunal de Justicia de 21 de diciembre de 2016, *Gutiérrez Naranjo*, asuntos acumulados C-154/15, C-307/15 y C-308/15, EU:C:2016:980.

287. Sentencia 241/2013, de la Sala de lo Civil del Tribunal Supremo, de 9 de mayo de 2003, recurso n.º 485/2012 (RJ 2013, 3088)

un contrato de préstamo bancario eran válidas, también estaban sujetas a un control de transparencia, debiendo el prestamista haber informado al consumidor respecto de su inclusión, llamando la atención sobre su existencia y estando la misma redactada de forma clara[288], y determinó que en caso de falta de transparencia precedía la declaración de su nulidad y la restitución al consumidor; si bien estableció fundamentalmente dos límites: 1) que no afectaba dicha nulidad a las situaciones decididas de forma definitiva por resoluciones judiciales anteriores que hubieran adquirido autoridad de cosa juzgada, y 2) limitó los efectos temporales de la declaración a las otras situaciones no resueltas de forma definitiva, a partir de la fecha de la sentencia. Este segundo límite planteó dudas inmediatas, dado que la nulidad tiene efectos *ex tunc*, es decir, desde el origen, y lo que aplicaba el Supremo era una limitación a los efectos de la declaración de nulidad; por ello se plantearon diversas cuestiones prejudiciales al respecto que se acumularon para ser resueltos en la citada sentencia del Tribunal de Justicia.

En esta sentencia lo que se dilucida es si el Supremo español estaba autorizado, ateniendo al derecho comunitario, y en particular a lo previsto en el art. 6.1 de la Directiva 93/13[289], que estipula que los Estados miembros establecerán que no vincularán al consumidor, en las condiciones estipuladas por el respectivo Derecho nacional, las cláusulas abusivas que se celebren entre un consumidor y un profesional, tratándose de una disposición de orden público y de carácter imperativo, cuyo objetivo es lograr un equilibrio real entre las partes[290]; teniendo en consideración la importancia de que goza el interés público de la protección del consumidor[291], lo que obliga al juez nacional a apreciar de oficio el carácter abusivo de una cláusula contractual y subsanar el desequilibrio[292], recordando su importante doctrina de las facultades *ex officio* del juez nacional en materia de protección al consumidor[293]; lo que le lleva a interpretar esta disposición en el sentido de que se deduce en principio que una cláusula declarada abusiva nunca ha existido, y por tanto, no podrá tener efectos frente al consumidor, procediendo el restablecimiento de la situación de hecho y de Derecho[294]; y hay una remisión al derecho nacional, este no puede modificar la

---

288. ALFARO, J., «El Supremo ¿aclara? su sentencia sobre cláusulas-suelo en los préstamos hipotecarios», Derecho Mercantil España, 12 de junio de 2013, disponible en: https://derechomercantilespana.blogspot.com/2013/06/el-supremo-aclara-su-sentencia-sobre.html

289. Directiva 93/13/CEE del Consejo, de 5 de abril de 1993, sobre las cláusulas abusivas en los contratos celebrados con consumidores (DOCE 95, de 21 de abril de 1993, pp. 29 a 34. Referencia DOUE-L-1993-80526).

290. Sentencia *Gutiérrez Naranjo*, ya citada, apartados 52-54.

291. *Ibid.*, apartado 56.

292. *Ibid.*, apartado 58.

293. MICKILITZ, H. W., «Mohamed Aziz-sympathetic and activist, but did the court get it wrong?», ECLN Conference Florence When the ECJ gets it wrong, 2013, pp. 4-5. Puede verse un análisis exhaustive del desarrollo de esta doctrina en SARRIÓN ESTEVE, J., «Consumer», BARTOLINI, A.; CIPPITANI, R.; COLCELLI, V. (eds.), Dictionary of Statuses within EU Law, Springer, Heidelberg, 2019, pp. 95-106; y en SARRIÓN ESTEVE, «El Tribunal de Justicia de la Unión Europea y la protección del consumidor en la crisis financiera», *op. cit.*

294. Sentencia *Gutiérrez Naranjo*, ya citada, apartado 61.

amplitud de protección ni su contenido sustancial cuestionando la protección más eficaz para el consumidor[295].

Lo interesante es que el Tribunal de Justicia salva el primero de los límites establecidos por el Tribunal Supremo, es decir, el de las situaciones ya resueltas de forma definitiva por resolución judicial con efectos de cosa juzgada, pues la protección al consumidor no es absoluta, y también es importante la protección de la seguridad jurídica, citando la sentencia *Asturcom Telecomunicaciones* (2009)[296] que no deja de ser una continuación de la doctrina iniciada en *Eco Swiss*, y que viene a decir lo mismo que *Kapferer* pero respecto a los laudos arbitrales, quizá ésta otra era una cita más apropiada; pero lo curioso es que considera que la limitación temporal de los efectos merece un tratamiento diferente, y limita por tanto, la fuerza de cosa juzgada de la propia sentencia del Supremo, pues esta limitación equivale a privar con un carácter general al consumidor de las cantidades que hubiera abonado de forma indebida durante el periodo anterior al 9 de mayo de 2013[297]. En realidad, en *Gutiérrez Naranjo* podemos ver la continuación de *Fallimento Olimpiclub*, estamos ante una excepción a la regla general de preservación de la fuerza de cosa juzgada, de nuevo porque se trataría de una jurisprudencia contraria al Derecho de la UE, con efectos generales o permanentes y que no quedaría reducida a unos casos concretos.

Poco después de esta importante sentencia, el Tribunal de Justicia aclarará en *Banco Primus* (2017)[298] que la Directiva antes citada 93/13 no se opone a una norma nacional que impide al juez nacional realizar un nuevo examen de oficio del carácter abusivo de una cláusula cuando ya existe una resolución con fuerza de cosa juzgada que se ha pronunciado sobre la legalidad del conjunto de cláusulas del contrato en las que se integra, pero si el eventual carácter abusivo de la cláusula no ha sido aún examinado a través de un pronunciamiento con fuerza de cosa juzgada, el juez nacional estaría obligado a apreciar bien a instancia de las partes, bien de oficio, el carácter abusivo de la misma, cuando disponga de los elementos de hecho y de Derecho necesarios para ello[299], y sería contrario al derecho de la Unión una doctrina o jurisprudencia que impida este control con carácter general porque el profesional no haya llegado a aplicar la cláusula eventualmente abusiva y que derivaba del Tribunal Supremo español, pues las facultades del juez nacional de esta apreciación no pueden depender de esto[300].

Este planteamiento me parece relevante porque, siguiendo a *Gutiérrez Naranjo*, el Tribunal de Justicia realiza en *Banco Primus* una clara ponderación entre la fuerza de cosa juzgada y el interés público de la protección del consumidor que respondería a la efectividad del Derecho europeo o del orden jurídico europeo, pues por un lado

---

295. *Ibid.*, apartado 65.

296. Sentencia del Tribunal de Justicia de 6 de octubre de 2009, *Asturcom Telecomunicaciones*, C-40/08, EU:C:2009:615, apartados 37-41.

297. Sentencia *Gutiérrez Naranjo*, ya citada, apartados 69-73.

298. Sentencia del Tribunal de Justicia de 26 de enero de 2017, *Banco Primus*, C-421/14, EU:C:2017:60.

299. *Ibid.*, apartado 54.

300. *Ibid.*, apartados 74 y 75.

establece que corresponde respetar el pronunciamiento sobre el eventual carácter abusivo de una cláusula que ya haya adquirido fuerza de cosa juzgada, pero limita los efectos que puede tener una sentencia con cosa juzgada, pues se limita a aquellas cláusulas sobre las que se hubiera pronunciado la resolución, no pudiendo impedir que el juez nacional controle otras cláusulas sobre las que no hubiera habido pronunciamiento, ni tampoco establecer un tribunal, aunque sea supremo, una interpretación que con carácter general prive al juez nacional de las facultades de control que derivan del derecho comunitario, en este caso de la normativa en materia de protección al consumidor[301].

Asimismo, la cosa juzgada tiene relevancia en un reciente asunto resuelto este mismo año, *Telecom Italia SpA* (2020)[302]. La empresa Telecom Italia era la concesionaria en exclusiva del servicio público de telecomunicaciones en Italia, y por parte del Ministerio de Comunicaciones italiano se le requirió en su momento el pago de un importe económico en concepto de la liquidación del canon de concesión del ejercicio presupuestario 1997, así como otro importe en concepto del resto de liquidación del canon de concesión por el ejercicio presupuestario de 1998. No estando conforme, la empresa impugnó este requerimiento ante el tribunal administrativo regional de El Lacio, que planteo una cuestión prejudicial ante el Tribunal de Justicia que resolvió el asunto en la sentencia *Telecom Italia* en 2008, declarando que el derecho comunitario se oponía a que un Estado miembro exigiera a un operador, antiguo titular de un derecho exclusivo en servicios de telecomunicaciones públicas, el pago de una carga correspondiente al importe de contraprestación por el derecho exclusivo durante un año desde la fecha última prevista para la adaptación del derecho nacional a la normativa europea, que era el 31 de diciembre de 1998[303]; sin embargo, el órgano nacional remitente dictó una sentencia que declaró exigible el pago, sentencia que fue confirmada por el *Consiglio di Stato*. Dado el perjuicio provocado por esta decisión, Telecom Italia solicitó la inexigibilidad de los importes reclamados y que no se reconozca la eficacia de la cosa juzgada de la decisión judicial del *Consiglio di Stato*, y albergando dudas sobre esta cuestión, el juez nacional que conoce de la pretensión plantea esta cuestión prejudicial. La sentencia del Tribunal de Justicia constata que el derecho de la Unión es contrario a una normativa nacional que prórroga el pago antes referido[304].

No obstante, vuelve a recordar, a falta de normativa de la Unión, la relevancia del principio de fuerza de cosa juzgada que se rige por el ordenamiento interno de los Estados miembros, conforme a la autonomía procesal, si bien sujetándose a los principios

301. Es importante reseñar, aunque no es objeto de este estudio, que el Tribunal Constitucional español estimó un recurso de amparo por vulneración del derecho fundamental a la tutela judicial efectiva porque el órgano judicial español, en este caso un juzgado de Primera Instancia, no atendió a la doctrina establecida en la sentencia *Banco Primus*, ni planteó cuestión prejudicial al respecto, en un procedimiento de ejecución hipotecaria. Véase Sentencia del Tribunal Constitucional n.º 31/2019, de 28 de febrero.

302. Sentencia del Tribunal de Justicia de 4 de marzo de 2020, *Telecom Italia SpA*, C-34/19, EU:C:2020:148.

303. Sentencia del Tribunal de Justicia de 21 de febrero de 2008, *Telecom Italia*, C-297/06, EU:C:2008:106.

304. Sentencia *Telecom Italia SpA*, ya citada, apartado 52.

de equivalencia y efectividad, citando *Fallimento Olimpiclub*[305], e interpretando el Derecho interno, toma en consideración todo el ordenamiento, para apreciar en qué medida puede aplicarlo de forma que no sea contrario al Derecho europeo[306], es decir, al orden jurídico europeo.

Así, estamos ante una ponderación en la que la sentencia atribuye al juez nacional la valoración de si conforme al Derecho interno es posible que la fuerza de cosa juzgada de la sentencia del *Consiglio di Stato* no sea determinante, tiene la obligación de garantizar la plena eficacia del Derecho de la UE, dejando inaplicada una interpretación que no es compatible con el mismo[307], pero sí considera que conforme al Derecho interno la fuerza de cosa juzgada que reviste la sentencia del *Consiglio di Stato* despliega sus efectos sobre el asunto que debe resolver, no estaría obligado a dejar de aplicar estas normas procesales nacionales[308], quedando abierta la vía de la responsabilidad del Estado para remediar la violación del Derecho europeo[309].

En la misma línea, en *Hochtief Solutions*[310], un caso de licitación de contratos públicos, el Tribunal de Justicia había insistido en que si las normas procesales nacionales aplicables establecen la posibilidad de que el juez nacional reconsidere una decisión con fuerza de cosa juzgada para restablecer la conformidad de la situación, lo debe hacer, conforme a los principios de equivalencia y efectividad; pero interesa aquí más esta sentencia por otra cuestión, y es la que atañe al mecanismo de la responsabilidad del Estado por incumplimiento del Derecho de la UE, que como hemos anticipado, es una de las vías para lograr la efectividad del mismo o restablecerla, pues se puede topar también con la cosa juzgada.

Así ocurre precisamente en una de las cuestiones que se plantean en *Hochtief Solutions*, y el Tribunal de Justicia manifiesta que la responsabilidad por los daños causados por un órgano nacional que ha resuelto en última instancia violando el Derecho de la UE, se rige por los requisitos establecidos en la jurisprudencia del Tribunal de Justicia en *Köbler* –aunque pueden establecerse por el Derecho interno requisitos menos restrictivos–, y no excluye esta responsabilidad el hecho de que la propia sentencia que produce la violación tenga fuerza de cosa juzgada[311].

También es interesante considerar la fuerza de carácter vinculante que puede tener una sentencia penal en un proceso civil, cuando dicha sentencia firme es incompatible con el Derecho de la UE, pero el Derecho interno o su interpretación le atribuye fuerza

---

305. Ibid., apartado 58.

306. Ibid., apartado 59. Véase al respecto la Sentencia de 8 de noviembre de 2016, *Ognyanov*, 554/14, EU:C:2016:835, apartados 59-66.

307. Ibid., apartados 59 y 63.

308. *Ibid.*, apartados 64-66.

309. *Ibid.*, apartado 67-69.

310. Sentencia del Tribunal de Justicia de 29 de julio de 2019, *Hochtief Solutions AG Magyarországi Fióktelepe*, C-620/17, EU:C:2019:630.

311. Sentencia *Hochtief Solutions*..., cit., apartados 37-39.

vinculante y obliga al juez civil a dictar una sentencia conforme a la misma, y ello puede generar lógicamente una nueva sentencia contraria al orden jurídico europeo.

A este problema se enfrenta el Tribunal de Justicia en la reciente sentencia *CRNPAC* (2020)[312], donde una compañía aérea había sido condenada en sentencia firme, de forma incompatible con el Derecho de la UE, y el juez civil se plantea si la obligación de seguir la fuerza vinculante de la sentencia judicial en el sentido de imponer a dicho empresario una obligación de indemnizar a los trabajadores o a un organismo de pensiones nacional como víctimas de fraude sería conforme con el Derecho de la UE; y el Tribunal razona que esta fuerza vinculante de la cosa juzgada penal en el ámbito civil es contraria a la efectividad del Derecho de la Unión[313].

En definitiva, estamos ante un complejo puzle donde, de forma casuística, el Tribunal de Justicia pondera el conflicto entre el principio de fuerza de cosa juzgada y la efectividad del propio Derecho de la Unión –que incorpora tanto la tutela de los derechos individuales, como también el tema de las competencias exclusivas y la plena jurisdicción del Tribunal de Justicia–, pero quizá, podemos tratar de inferir, identificar, y proponer a consideración, algunas reglas prácticas:

En primer lugar, como regla general, la fuerza de cosa juzgada limita la posibilidad de revisar decisiones judiciales firmes (*Kapferer, Impresa Pizzarotti, Târşia, XC y otros*, etc.) e incluso laudos arbitrales (*Eco Swiss, Asturcom*), que gocen de esos efectos conforme a la normativa procesal nacional, siempre que se respeten los principios de equivalencia y efectividad, aunque tal revisión fuera necesaria para invalidar una decisión contraria al Derecho europeo subsanando de esta forma la vulneración. Así, la efectividad de este y la eventual reparación habría que buscarla por parte de los individuos a través de la responsabilidad por incumplimiento del derecho comunitario (*Köbler*, no pudiendo verse limitada esta responsabilidad porque la violación la produzca una sentencia con fuerza de cosa juzgada como indica *Hochtief Solutions*), y en caso de que no se corrija a futuro la norma que facilite la vulneración, la Comisión Europea tendría el mecanismo del procedimiento de infracción.

En segundo lugar, y no obstante la regla anterior, si la normativa procesal nacional, o incluso la jurisprudencia nacional aplicable, permite la revisión o corrección de una decisión judicial con fuerza de cosa juzgada por vulneración del Derecho interno, en un supuesto equivalente, el Tribunal de Justicia entiende que la efectividad debe prevalecer y por tanto faculta al juez para que revise esa decisión con fuerza de cosa juzgada para reparar una vulneración del Derecho de la UE, y por tanto darle efectividad (*Impresa Pizzarotti, Telecom Italia SpA, Hochtief Solutions*), siendo por tanto incluso más flexible a la hora de atribuir o facultar al juez nacional para este control que lo es con los requisitos estrictos establecidos en *Kühne & Heitz* sobre revisión de decisiones

---

312. Sentencia de 2 de abril de 2020, *CRNPAC*, asuntos acumulados C-370/17 y C-37/18, EU:C:2020:260.

313. Y es que una cosa es que no se revise la sentencia penal, y otra que la interpretación de la fuerza de la cosa juzgada de la sentencia haga imposible o muy difícil en la práctica la efectividad del Derecho de la UE incluso en el ámbito civil, véase apartados 92 y ss. de la sentencia *CRNPAC*, ya citada.

administrativas firmes, sin perjuicio de que, esta valoración del juez nacional, al depender lo puede convertir en un supuesto excepcional.

Asimismo, cuando existe una doctrina jurisprudencial, con fuerza de cosa juzgada conforme a las normas procesales nacionales, que conlleva no sólo a una violación puntual del Derecho europeo, sino a impedir de forma generalizada en el tiempo la efectividad del mismo, estaríamos ante obstáculos de un envergadura suficiente para que no estén razonablemente justificados por el principio de seguridad jurídica y sean contrarios al principio de efectividad (*Fallimento Olimpiclub, Gutiérrez Naranjo, Banco Primus*), por lo que procedería su revisión, incluso aunque las normas procesales nacionales no lo permitieran. Asimismo, y en términos similares, habría que considerar que la pretendida fuerza vinculante de una sentencia contraria al Derecho de la UE no debe tener efectos a la hora de dictar otra sentencia que haría prácticamente imposible la efectividad del mismo (como ocurre en *CRNPAC*, respecto de la fuerza vinculante de una sentencia penal dictada en contra del Derecho europeo respecto a un procedimiento civil posterior).

Por último, cuando se trata de un caso donde haya competencia exclusiva europea, y, por tanto, jurisdicción plena del Tribunal de Justicia, una decisión judicial nacional, aunque sea firme y tenga efectos de cosa juzgada conforme a la normativa procesal nacional, al vulnerar el Derecho europeo sería –aunque el Tribunal de Justicia no lo manifieste así– ultra vires, y, por tanto, procedería su revisión, al carecer el juez nacional de competencia para pronunciarse (*Lucchini*).

4. EL DERECHO FUNDAMENTAL A LA TUTELA JUDICIAL EFECTIVA EN EL ÁMBITO DEL DERECHO DE LA UE

Como se ha señalado con antelación es importante desde la perspectiva de la efectividad del Derecho de la Unión Europea, y de los derechos que el mismo confiere, considerar el derecho a la tutela judicial efectiva como derecho fundamental.

Podemos entender este derecho en la UE en el sentido de reconocer que toda persona tiene la facultad, en caso de que se haya producido una situación de violación de alguno de sus derechos o libertades, reconocidos por el Derecho de la UE, de acceder para su tutela a un juez independiente e imparcial establecido por la ley, así como a la asistencia letrada, y la asistencia jurídica gratuita cuando no disponga de recursos y sea necesaria para el acceso a la justicia, y que su causa sea oída en un plazo razonable de forma equitativa y públicamente.

Así se formula en el art. 47 de la Carta de Derechos Fundamentales de la Unión, que dispone, bajo la rúbrica de «Derecho a la tutela judicial efectiva y a un juez imparcial» que:

> «*Toda persona cuyos derechos y libertades garantizados por el Derecho de la Unión hayan sido violados tiene derecho a la tutela judicial efectiva respetando las condiciones establecidas en el presente artículo.*

Toda persona tiene derecho a que su causa sea oída equitativa y públicamente y dentro de un plazo razonable por un juez independiente e imparcial, establecido previamente por la ley. Toda persona podrá hacerse aconsejar, defender y representar.

Se prestará asistencia jurídica gratuita a quienes no dispongan de recursos suficientes siempre y cuando dicha asistencia sea necesaria para garantizar la efectividad del acceso a la justicia».

Ya antes, había sido reconocido por el Tribunal de Justicia como principio general del Derecho comunitario[314], es decir, había sido objeto de protección a través de la jurisprudencia tuteladora de carácter pretoriano del Tribunal de Justicia, que reconocía que los derechos fundamentales, derivados de los textos internacionales sobre derechos humanos ratificados por los Estados miembros, y de las tradiciones constitucionales comunes, constituían principios generales del Derecho comunitario.

Además de reconocer el derecho a la tutela judicial efectiva como derecho fundamental, el Tribunal de Justicia utilizaba también como criterio de resolución el principio de efectividad, pues también protege o tutela la eficacia de los derechos establecidos, reconocidos o derivados del Derecho de la Unión. Esto ha motivado que, tras la consagración de la Carta de Derechos Fundamentales, y el reconocimiento explícito del derecho fundamental a la tutela judicial efectiva, se mantenga la jurisprudencia que utiliza en particular el principio de efectividad del Derecho de la Unión, y a la que hemos hecho referencia con antelación en los apartados anteriores. No obstante, como se ha apuntado por SARMIENTO, parece que el Tribunal de Justicia está optando por reducir la aplicación del principio de efectividad a las áreas tradicionales de aplicación y optando por dar prevalencia como criterio de resolución, con carácter general, a la aplicación de la tutela judicial efectiva, respondiendo al planteamiento realizado por los jueces nacionales[315].

Esto está vinculado a que la garantía de los derechos conferidos por el Derecho de la UE se realiza en la práctica judicial ordinaria por parte de los jueces nacionales, que forman parte de la Jurisdicción de la UE, en el sentido de que son ellos los que están llamados a garantizar la eficacia de los derechos que reconoce el ordenamiento jurídico de la Unión, quedando el papel del Tribunal de Justicia limitado al ejercicio de sus competencias, en particular le corresponde, además de controlar en exclusiva la validez del Derecho de la Unión, su interpretación uniforme, «garantizando el respeto del derecho en la interpretación y aplicación de los Tratados» (art. 19.1 primer párrafo TUE).

---

314. Véase sentencia *Pecastaing* (1980) y *Johnston* (1986), ya citadas.

315. Esto se explicaría, en opinión de SARMIENTO, a la mayor confianza de los tribunales nacionales en un derecho conocido como la tutela judicial efectiva frente a un principio de desarrollo jurisprudencial, lo que motiva que las cuestiones prejudiciales se vinculen a la tutela judicial efectiva. SARMIENTO, D., El Derecho de la Unión Europea, 4ª edición, op. cit., pp. 498 y 499.

En este sentido, debemos entender conectado con este derecho la consagración en el art. 19.1 segundo párrafo la obligación para los Estados miembros, en el sentido de que «Los Estados miembros establecerán las vías de recurso necesarias para garantizar la tutela judicial efectiva en los ámbitos cubiertos por el Derecho de la Unión»., y que está en relación también con el principio de cooperación leal (art. 4.3 TUE) que obliga a los Estados a adoptar las medidas necesarias para asegurar un adecuado cumplimiento a las obligaciones derivadas del ordenamiento jurídico de la Unión[316].

Esto está permitiendo incluso que el Tribunal de Justicia entre a controlar la organización y funcionamiento de los tribunales de los Estados miembros[317], es decir, del Poder Judicial nacional, cuando pueden poner en riesgo la protección de la tutela judicial efectiva como derecho fundamental del ordenamiento jurídico europeo, como ha tenido ocasión de establecer el Tribunal de Justicia, entre otras, en la sentencia de la Asociación Síndica de los jueces portugueses (2018)[318] o en algunas sentencias condenatorias a Polonia (2019)[319].

A su vez, el art. 47 está motivando el desarrollo de un estándar europeo de protección de los derechos procesales, que incluye no solo el acceso a la justicia, sino también la propia efectividad de los recursos existentes en el Derecho interno. Defiende, además, IGLESIAS SÁNCHEZ, con la que se debe coincidir aquí, que la acción indemnizatoria debería ser considerada un componente autónomo del derecho judicial a la tutela judicial efectiva, con las correspondientes implicaciones, en el sentido de flexibilizar algunos requisitos aplicables al mecanismo de responsabilidad extracontractual que pueden afectar a un recurso efectivo[320].

Si bien es cierto que se ha cuestionado si el ámbito de aplicación del art. 47 queda determinado por el ámbito establecido en el art. 51 CDFUE, o tiene un ámbito más reducido, circunscrito a los supuestos de violación de derechos y libertades garantizados en el Derecho de la UE[321], esta segunda interpretación quizá podría reducir la aplicabilidad del art. 47 a los supuestos de violación judicial de la tutela judicial, o de una previa declaración de incumplimiento, cuando ésta se puede producir también en

---

316. MILONE, C., «La interpretación del art. 47 CDFUE como expresión de la labor hermenéutica del Tribunal de Luxemburgo en la construcción de un estándar europeo de protección de los derechos», Teoría y Realidad Constitucional, núm. 39 (2017), p. 661.

317. UGARTEMENDIA ECEIZABARRENA, J. I. «Tutela judicial efectiva y Estado de derecho en la Unión Europea y su incidencia en Administración de Justicia de los Estados miembros», Teoría y Realidad Constitucional, núm. 46 (2020), pp. 309–341.

318. Véase Sentencia del Tribunal de Justicia (Gran Sala) de 27 de febrero de 2018, entre otras, *Asociación Síndica de los jueces portugueses*, C-64/16, EU:C:2018:117.

319. Véase, por todas, Sentencia del Tribunal de Justicia (Gran Sala) de 5 de noviembre de 2019, *Comisión c. Polonia*, C-192/18, EU:C:2019:924.

320. Vid. IGLESIAS SÁNCHEZ, S., El principio de responsabilidad del Estado en la Unión Europea: ¿clave de bóveda de un «sistema completo de vías de recurso»?, op. cit., pp. 49-56.

321. Ídem, p. 53.

la propia regulación, en el ámbito de aplicación del Derecho de la UE, de un sistema que haga efectivo el derecho a la tutela judicial.

Ahora se encuentra positivizado en el art. 47 de la Carta de Derechos Fundamentales de la UE, y que puede servir a garantizar la efectividad de los derechos reconocidos en el Derecho de la UE.

CONCLUSIONES

Como he dicho al principio de esta obra la función principal de los derechos y las libertades es proteger una esfera de libertad para que la persona desarrolle su proyecto personal de vida en la sociedad, y constituyen concreciones específicas, en sus diferentes ámbitos, de esa libertad. Para que estos derechos y libertades puedan cumplir esta función es esencial que sean eficaces, esto es, que puedan cumplir sus objetivos y permitir que las personas desarrollen su libertad, en los diferentes ámbitos, y esto requiere que se establezca un sistema que permita garantizar derechos y libertades frente a indebidas restricciones o limitaciones, que resuelva los conflictos.

El proceso de integración europea ha propiciado la consagración de un ordenamiento jurídico autónomo cuyas normas se incorporan en los ordenamientos jurídicos internos de los Estados miembros, incluido el español, con la problemática de los eventuales conflictos que pueden derivarse, en particular desde la perspectiva de la tutela y garantía de los derechos y libertades, y que no dejan de ser conflictos 'constitucionales', que suponen desafíos importantes para el Derecho constitucional europeo, que trata de explicar la realidad jurídica en la que nos encontramos en el proceso de integración, a la vez que busca soluciones para garantizar la eficacia de derechos y libertades.

Creo que hay más preguntas que respuestas sobre la problemática de la eficacia de derechos y libertades en el actual marco jurídico, en particular, tras el Tratado de Lisboa, que ha abierto, sin duda, un nuevo horizonte constitucional para la Unión que, como estamos viendo, se desarrolla de forma progresiva. El Tribunal de Justicia de la Unión Europea, cuyo papel como actor del proceso de integración jurídica es muy destacable, en su faceta de tribunal constitucional de la hoy Unión Europea, sigue ejerciendo un protagonismo indudable en la resolución de los conflictos constitucionales. Pero no podemos dejar de lado que un sano diálogo entre Cortes, en el Derecho, es el único camino, desde posiciones pluralistas y abiertas, para el desarrollo del Derecho constitucional europeo, y en particular también para el del Derecho constitucional de la Unión Europea.

El desafío de la eficacia de los derechos y libertades requiere una cooperación leal, dentro del ámbito de aplicación del Derecho de la Unión, con los órganos jurisdiccionales nacionales, pues los jueces nacionales están llamados a garantizar la tutela judicial efectiva de derechos y libertades reconocidos por el ordenamiento europeo, y en particular este diálogo no puede olvidar que debe tener una especial sensibilidad con las posiciones de los tribunales constitucionales y tribunales supremos con función constitucional, buscando que la garantía de la unidad y eficacia del Derecho de la UE no suponga necesariamente un menoscabo de la garantía de los derechos y libertades reconocidos en los sistemas constitucionales de los Estados miembros, que éstos tribunales están llamados a salvaguardar. Y los tribunales internos deben buscar en la aplicación e interpretación del Derecho interno, dentro del ámbito de aplicación del Derecho de la Unión, la forma de garantizar adecuadamente la tutela de los derechos y libertades reconocidos en el ordenamiento europeo, para que la tutela judicial efectiva de estos sea una realidad.

REFERENCIAS BIBLIOGRÁFICAS

AHUMADA, M., «The Recurring Debate on the Horizontal Effect of Fundamental Rights. Constitutional Approaches», IZQUIERDO-SANS, C., MARTÍNEZ-CAPDEVILA, C., NOGUEIRA-GUASTAVINO, M. (eds.), Fundamental Rights Challenges, Springer, Cham 2021, pp.3-10, https://doi.org/10.1007/978-3-030-72798-7_1

ALFARO, J., «El Supremo ¿aclara? su sentencia sobre cláusulas-suelo en los préstamos hipotecarios», Derecho Mercantil España, 12 de junio de 2013, disponible en: https://derechomercantilespana.blogspot.com/2013/06/el-supremo-aclara-su-sentencia-sobre.html

ALONSO GARCÍA, R., Sistema Jurídico de la Unión Europea, 2ª edición, Civitas, Madrid, 2010.

– Sistema Jurídico de la Unión Europea, 4ª edición, Civitas, Madrid, 2014.

– Las sentencias básicas del Tribunal de Justicia de la Unión Europea, 5ª edición, Civitas, Madrid, 2014.

ARENA, A, «The Twin Doctrines of Primacy and Pre-emption», en SCHÜTZE, R., Y TRIDIMAS, T. (eds), Oxford Principles of European Union Law. Volume I: The European Union Legal Order, Oxford University Press, Oxford, 2018.

ARTOLA, M., Constitucionalismo en la historia, Crítica, Barcelona, 2005.

ARZOZ SANTISTEBAN, X., «La autonomía institucional y procedimental de los Estados miembros en la Unión Europea: Mito y Realidad», Revista de Administración Pública, núm. 191 (2014), pp. 159-197.

BALAGUER CALLEJÓN, F. (COORD), CÁMARA VILLAR, G., BALAGUER CALLEJÓN, M. L., MONTILLA MARTOS, J. A., Introducción al Derecho Constitucional, 5ª ed., Tecnos, Madrid, 2016.

BALAGUER CALLEJÓN, F., «Constitucionalismo multinivel y derechos fundamentales en la Unión Europea», en: Estudios en homenaje al Profesor Gregorio Peces Barba, vol. 2, Dykinson, Madrid, 2008, pp. 133-158.

BARTOLINI, A., CIPPITANI, R., COLCELLI, V., Dictionary of Statuses within EU Law, Springer, Cham, 2019, https://doi.org/10.1007/978-3-030-00554-2

BASTIDA FREIJEDO, F., VILLAVERDE MENÉNDEZ, I., REQUEJO RODRÍGUEZ, P., PRESNO LINERA, M.A, ALÁEZ CORRAL, B., FERNÁNDEZ SARASOLA, I., Teoría General de los derechos fundamentales en la Constitución Española de 1978, Tecnos, Madrid, 2004.

BERLIN, I., Dos conceptos de libertad y otros escritos, Alianza Editorial, Madrid, 2005.

– Las ideas políticas en la era romántica, FCE, México, 2014.

BESSELINK, L., «The Parameters of Constitutional Conflict after "*Melloni*"», Europan Law Review, 2014, vol. 39, núm. 4 (2014).

BIONDI, A., «Free Trade, a Mountain Road and the Right to Protest: European Economic Freedoms and Fundamental Individual Rights», European Human Rights Law Review, núm. 1 (2004).

BILBAO UBILLOS, J. M., «La consolidación dogmática y jurisprudencial de la drittwirkung: una visión de conjunto», AFDUAM, núm. 21 (2017), pp. 43-74.

BOBIĆ, A., «Constitutional Pluralism Is Not Dead: An Analysis of Interactions Between Constitutional Courts of Member States and the European Court of Justice», German Law Journal, vol. 18, núm. 6 (2017), pp. 1395-1428.

– The Jurisprudence of Constitutional Conflict in the European Union, Oxford University Press, Oxford, 2022.

BORRAJO INIESTA, I. «Las fricciones jurisdiccionales en la cooperación prejudicial: los tribunales constitucionales ante el Derecho Comunitario», en: La articulación entre el Derecho comunitario y los Derechos nacionalcs: algunas zonas de fricción, Estudios de Derecho Judicial, núm. 95 (2006).

CALAZA, S., «La cosa juzgada material», La Ley, núm. 10919 (2011).

CARMONA CONTRERAS, A. M. (Dir.), Construyendo un estándar europeo de derechos fundamentales, Thomsom Reuters Aranzadi, Madrid, 2018.

– Condenas en rebeldía, Euroorden y derechos fundamentales: Una cuestión de suelo, techo y espacios comunes, CARMONA CONTRERAS, A. M., (Dir.), Construyendo un estándar europeo de derechos fundamentales, Thomsom Reuters Aranzadi, Madrid, 2018.

CARTABIA, M., «Europe and Rights: Taking Dialogue Seriously», European Constitutional Law Review, núm. 5 (2009), pp. 5-31.

CASTILLO DAUDÍ, M., «La protección internacional de los Derechos Humanos en el plano regional (II): La obra de las Comunidades Europeas y de la Unión Europea», en: Curso de Derecho Internacional de los Derechos Humanos, 2ª edición, Tirant lo Blanch, Valencia, 2010.

CHALMERS, D., DAVIES, G., MONTI, G., European Union Law: Text and Materials, 3ª edición, Cambridge University Press, Cambridge, 2014.

COBREROS MENDAZONA, E., «La aplicación del principio de primacía del Derecho de la Unión Europea por la Administración», Revista Vasca de Administración Pública, núm. 103 (2015), pp. 171-207.

CONSEJO DE ESTADO, Informe del Consejo de Estado sobre la inserción del Derecho Europeo en el Ordenamiento Español, 14 de febrero de 2008.

– Informe del Consejo de Estado sobre las garantías del cumplimiento del Derecho comunitario, 15 de diciembre de 2010.

CRUZ VILLALÓN, P., «La incidencia de la carta (DFUE) en la confluencia de la eficacia horizontal de los Derechos Fundamentales y la ineficacia horizontal de las directivas: De Kücükdeveci a Dansk Industri», AFDUAM, núm. 21 (2017), pp. 101-120.

DÍEZ-PICAZO, L. M., Sistema de derechos fundamentales, 5ª ed., Tirant lo Blanch, Valencia, 2021.

DOMÉNECH PASCUAL, G., «La inaplicación administrativa de reglamentos ilegales y leyes inconstitucionales», Revista de Administración Pública, núm.155 (2011), pp. 59-106.

ESCOBAR ROCA, G., «Los derechos humanos y los derechos fundamentales». En: CASTELLÀ ANDREU, J. M. (Ed.)., Derecho Constitucional Básico, 19ª ed., Huygens Editorial, Barcelona, pp. 399-419.

FABBRINI, F., Fundamental Rights in Europe, Oxford University Press, Oxford, 2014.

FENWICK, M.; Y WRBKA, S., «The Shifting Meaning of Legal Certainty», FENWICK, M.; Y WRBKA, S., (eds.), Legal Certainty in a Contemporary Context, Springer, Cham, 2016.

FRANTZIOU, E., «(Most of) the Charter of Fundamental Rights is Horizontally Applicable», European Constitutional Law Review, núm. 15 (2019), pp. 306-323, https://doi.org/10.1017/S1574019619000166

FREIXES SANJUAN, T., Constitución y Derechos Fundamentales. I. Estructura jurídica y función constitucional de los Derechos, PPU, Barcelona, 1992.

– «Derechos fundamentales en la Unión Europea. Evolución y prospectiva: la construcción de un espacio jurídico europeo de los derechos fundamentales», Revista de Derecho Constitucional Europeo, núm. 4 (2005).

– «Constitucionalismo multinivel e integración europea», en FREIXES SANJUÁN, T., GÓMEZ SÁNCHEZ, Y., ROVIRA VIÑAS, A. (Dir.), Constitucionalismo Multinivel y relaciones entre Parlamentos: Parlamento europeo, Parlamentos nacionales, Parlamentos regionales con competencias legislativas, CEPC, Madrid, 2011, pp. 37-50.

GALÁN GALÁN, A., Primacía Europea y Administración Pública. La obligación administrativa de inaplicación, Thomsom Reuters Aranzadi, Madrid, 2021.

GALETTA, D.A., Procedural Autonomy of EU Member States: Paradise Lost?, Springer, Cham, 2011.

GÓMEZ SÁNCHEZ, Y., Constitucionalismo Multinivel. Derechos Fundamentales, 5ª ed., Sanz y Torres, Madrid, 2020.

GÓMEZ SÁNCHEZ, Y., y ELÍAS MÉNDEZ, C., *Derecho Constitucional Europeo*, Aranzadi, Madrid, 2020.

GORDILLO, L., y MARTINICO, G., Historia del país de las hadas. La jurisprudencia constitucionaliza del Tribunal de Justicia, Civitas, Madrid, 2015.

GROUSSOT, X. y MINSSEN, T., «Res Judicata in the Court of Justice Case Law: Balancing Legal Certainty with Legality?», European Constitutional Law Review, núm. 3 (2017).

HÄBERLE, P., «Derecho constitucional común europeo», traducción de E. MIKUNDA FANCO, Revista de Estudios Políticos, núm. 79 (1993), pp. 7-46.

– «Europa como comunidad constitucional en desarrollo», Revista de Derecho Constitucional Europeo, núm. 1 (2004).

IGLESIAS SÁNCHEZ, S., El principio de responsabilidad del Estado en la Unión Europea: ¿clave de bóveda de un «sistema completo de vías de recurso»?, Thomson Reuters Aranzadi, Madrid, 2022.

JAKLICK, K., Constitutional Pluralism in the EU, Oxford University Press, Oxford, 2014.

KESSEDJIANM, C., «L'autorité de la chose jugée et l'effectivité du droit européen», ERA Forum, núm. 11 (2010).

KORNEZOV, A., «Res Iudicata of National Judgements incompatible with EU Law: Time for a major rethink?», Common Market Law Review, vol. 51, núm. 3 (2014), 809-852.

KREMER, C., «Los límites de la cosa juzgada en el Derecho de la Unión Europea», Revista de Derecho de la Pontificia Universidad Católica de Valparaíso, núm. 35 (2010), pp. 189-226.

LEANERTS, K., Exploring the Limits of the EU Charter of Fundamental Rights, European Constitutional Law Review, núm. 8 (2012), pp. 375-403.

LECZYKIEWICZ, D., «Horizontal Application of the Charter of Fundamental Rights», European Law Review, núm. 38 (2013), 479-497.

LÓPEZ ESCUDERO, A., «Primacía del Derecho de la Unión Europea y sus límites en la jurisprudencia reciente del TJUE», Revista de Derecho Comunitario Europeo, núm. 64 (2019), pp. 787-825.

LUCIANI, M., «Costituzionalismo irenico e costituzionalismi polemico», Giurisprudenza costituzionale, núm. 51 (2006), pp. 1644-1669.

MACCORMICK, N., Questioning Sovereignty. Law, State and Nation in the European commonwealth, Oxford University Press, Oxford, 1999.

MANGAS MARTÍN A., «Las relaciones entre el Derecho comunitario y el Derecho interno en los estados miembros a la luz de la jurisprudencia del Tribunal de Justicia», RODRÍGUEZ IGLESIAS, G. C. Y LIÑÁN NOGUERAS, D. (Dir.), El Derecho comunitario y su aplicación judicial, Consejo General del Poder Judicial, Universidad de Granada, Editorial Civitas, Madrid, 1993.

MARTÍN RODRÍGUEZ, P., «The principle of legal certainty and the limits to the applicability of EU law», Cahiers Droit Européen, núm.1 (2016), pp. 115-140.

– «Res judicata pro veritate habetur c. Primacía del Derecho comunitario: ¿un combate por librar?», Revista Española de Derecho Europeo, núm. 24, (2007).

MARTINICO, G., The Tangled Complexity of the EU Constitutional Process, Routledge, Londres y Nueva York, 2013.

MAYER, F. C y WENDEL, M., «Multilevel Constitutionalism and Constitutional Pluralism», en MATEJ, I., KOMÁREK Y., (ed.), Constitutional Pluralism in the European Union and Beyond, Hart Publishing, Oxford and Portland, 2012.

MENGOZZI, P., La tutela davanti ai giudici nazionali dei diritti riconosciuti ai singoli ed i principi generali del diritto dell'Unione, Giufrrè Editore, Quaderni della Rivista– Il Diritto dell'Unione Europea, Milán, 2011.

MICKILITZ, H. W., «Mohamed Aziz-sympathetic and activist, but did the court get it wrong?», ECLN Conference Florence When the ECJ gets it wrong, 2013.

MIGUEL BÁRCENA, J. de, «Justicia constitucional e integración supranacional: cooperación y conflicto en el marco del constitucionalismo pluralista europeo», Revista Iberoamericana de Derecho Procesal Constitucional, núm. 9 (2008), pp. 85-116.

– Libertad. Una historia de la idea, Athenaica, Sevilla, 2022.

MILONE, C., «La interpretación del art. 47 CDFUE como expresión de la labor hermenéutica del Tribunal de Luxemburgo en la construcción de un estándar europeo de protección de los derechos», Teoría y Realidad Constitucional, núm. 39 (2017), pp. 655-674.

MUÑOZ MACHADO, S., «Los tres niveles de garantías de los derechos fundamentales en la Unión Europea: problemas de articulación», Revista de Derecho Comunitario Europeo, núm. 50 (2015), pp. 195-230.

ORTLEP, R.; Y VERHOEVEN, M., «The principle of primacy versus the principle of national procedural autonomy», *NALL*, abril-junio, 2012.

PECES BARBA, G., «El sistema de los derechos fundamentales», Quaderns de Treball, Centre d'Estudis de Drets Humans, UAB, núm. 1, (1994).

PERARO, C., Diritti fondamentali social e tutela collettiva nell'Unione Europea, Edizione Scientifiche Italiane, Nápoles, 2020.

PERNICE, I., «Multilevel constitutionalism and the Treaty of Amsterdam: European Constitution-making revisited?», Common Market Law Review, vol. 36, núm. 4 (1999), pp. 703-750.

– «Multilevel constitutionalism in the European Union», European Law Review, núm. 5 (2002), pp. 511-529.

PINON, S., «El derecho constitucional europeo, ¿una disciplina autónoma?», Revista de Derecho Constitucional Europeo, núm. 13 (2010).

PRECHAL, S., «Horizontal effect of the Charter of Fundamental Rights of the EU», Revista de Derecho Comunitario Europeo, núm. 66 (2020), pp. 407-426, https://doi.org/10.18042/cepc/rdce.66.04

ROSSI, L. S., y CASORALI, F. (ed.), The Principle of Equality in EU Law, Springer, Cham, 2017.

SÁNCHEZ FERRIZ, R., Estudio sobre las libertades, 2ª edición, Tirant lo Blanch, Valencia, 1995.

SARMIENTO, D., «Who's afraid of the Charter? The Court of Justice, National Courts and the New Framework of Fundamental Rights Protection in Europe», Common Market Law Review, vol.50, núm. 5 (2013), pp. 1267-1304.

– El Derecho de la Unión Europea, Marcial Pons, Madrid, 2016.

– «El efecto horizontal de las libertades de circulación de la Unión Europea», AFDUAM, núm. 21 (2017), pp. 122-147.

– El Derecho de la Unión Europea, 4ª edición, Marcial Pons, Madrid, 2022.

SARRIÓN ESTEVE, J., «La constitucionalización sustantiva del Derecho Comunitario y sistema de fuentes», *Revista General de Legislación y Jurisprudencia*, núm. 4 (2007), pp. 631-646.

– «El nuevo horizonte constitucional para la Unión Europea: a propósito de la entrada en vigor del Tratado de Lisboa y la Carta de Derechos Fundamentales», CEFLegal: Revista Práctica del Derecho, núm. 121 (2011), pp. 53-102.

– «En búsqueda de los límites constitucionales a la integración europea», CEFLegal: revista práctica de derecho, núm. 131 (2011), pp. 81-142.

– «Los conflictos entre libertades económicas y derechos fundamentales en la jurisprudencia del Tribunal de Justicia de la Unión Europea», Revista de Derecho Político, núm. 81 (2011), pp. 379-412.

– El Tribunal de Justicia de Luxemburgo como garante de los derechos fundamentales, Dykinson, Madrid, 2013.

– «Sobre la necesidad de buscar el estándar o nivel más alto de protección de los derechos fundamentales en el sistema de tutela multinivel en la Unión Europea», CEFLegal: Revista Práctica del Derecho, núm. 162 (2014), pp. 155-184.

– «El alcance territorial de una sentencia que no tenemos derecho a olvidar: una particular aproximación a Google Spain», CEFLegal: Revista Práctica del Derecho, núm. 184 (2016), pp. 53-72.

– «Una aproximación al derecho fundamental a la propiedad privada desde una perspectiva multinivel», Revista de Derecho Político, núm. 100 (2017), pp. 915-947.

– «Consumer», BARTOLINI, A., CIPPITANI, R., COLCELLI, V. (eds.), Dictionary of Statuses within EU Law, Springer, Heidelberg, 2019, pp. 95-106.

– «El Tribunal de Justicia de la Unión Europea y la protección del consumidor en la crisis financiera», Federalismi.it. Rivista di Diritto Pubblico Italiano, Comparato, Europeo, núm. 13 (2020).

– Los límites a la integración europea en la doctrina constitucional, Comares, Granada, 2020.

– «El retorno de los límites constitucionales a la primacía: A propósito del reciente rugido del guardián de la Constitución alemana», Revista de Derecho constitucional europeo, núm. 34 (2020).

– «La Administración Pública ante la primacía y efectividad del Derecho de la Unión Europea», vol. 68, núm. 2 (2020), pp. 231-255. DOI: https://doi.org/10.18543/ed-68(2)-2020pp231-255

– «Apuntes sobre la autoridad de la res iudicata en la jurisprudencia del Tribunal de Justicia de la Unión Europea», Cuadernos Europeos de Deusto, núm. 65 (2021), pp. 133-160. DOI: https://doi.org/10.18543/ced-65-2021pp133-160

– Jurisdicción y Protección de los Derechos Fundamentales en la Unión Europea, Universitas, Madrid, 2021.

– El reconocimiento y protección de los derechos y libertades en un mundo en transformación ¿Hacia un nuevo paradigma constitucional?, Aranzadi, Madrid, 2023.

SOWERY, K., «Equivalent treatment of Union rights under national procedural law: Tarsia», Common Market Law Review, núm. 6 (2016).

STROZZI, G. y MASTROIANNI, R., Diritto dell'Unione Europea, 4ª edición, Giappichelli, Turín, 2016.

TENORIO SÁNCHEZ, P., Libertades Públicas, Universitas, Madrid, 2013.

– «Diálogo entre Tribunales y Protección de los Derechos Fundamentales en el ámbito europeo», Revista General de Derecho Europeo, núm. 31 (2013), pp. 32-34.

TORRALBA, E., «Reflexiones sobre el alcance territorial del derecho al olvido», Cuadernos de Derecho Transnacional, vol. 13, núm. 2, (2021), DOI: https://doi.org/10.20318/cdt.2021.6271, pp. 575-593.

TORRALBA-MENDIOLA, E., Y RODRÍGUEZ-PINEAU, E., «Two'S Company, Three'S a Crowd: Jurisdiction, Recognition and Res Judicata in the European Union», Journal of Private International Law, vol. 10, núm. 3 (2014).

TRAYTER JIMÉNEZ, J.M., «El efecto directo de las directivas comunitarias: el papel de la Administración y de los jueces en su aplicación», Revista de Administración Pública, núm. 125 (1991), pp. 227-280.

TURMO, A., «La efectividad del derecho de la Unión Europea como motivo de protección de la cosa juzgada nacional: nota sobre la sentencia de 24 de octubre de 2018, XC y otros», Revista de Derecho Comunitario Europeo, núm. 63 (2019), pp. 599-626.

UGARTEMENDÍA ECEIZABARRENA, J. I., «La eficacia entre particulares de la Carta de Derechos Fundamentales de la Unión Europea a la luz de la jurisprudencia del Tribunal de Justicia», Teoría y realidad constitucional, núm. 39 (2017), pp. 361-386.

– «Tutela judicial efectiva y Estado de derecho en la Unión Europea y su incidencia en Administración de Justicia de los Estados miembros», Teoría y Realidad Constitucional, núm. 46 (2020), pp. 309-341.

– «The Horizontal Effect of the EU Charter of Fundamental Rights in the Case Law of the Court of Justice», en IZQUIERDO-SANS, C., MARTÍNEZ-CAPDEVILA, C., NOGUEIRA-GUASTAVINO, M. (eds), Fundamental Rights Challenges, Springer, Cham 2021, pp. 11-21.

VARGA, S., «Retrial in the member States on the Ground of Violation of EU Law», ELTE Law Journal, núm.1, 2017.

VERHOEVEN, M., «The 'Costanzo obligation' of national administrative authorities in the light of the principle of legality: prodigy or problem child?», Croatian Yearbook of European Law & Policy, vol. 5 núm.1 (2009), pp. 65-93.

– The Costanzo Obligation: the obligations of national administrative authorities in the case of incompatibility between national law and European law, Intersentia, Cambridge, 2011.

WALKILA, S., Horizontal Effect of Fundamental Rights in EU law, Europa Law Publishing, Gronigen/Ampsterdam, 2015.

WEATHERILL, S., Law and Values in the European Union, Oxford University Press, Oxford, 2016.

WITTE, B. de. «Direct Effect, Primacy, and the Nature of the EU Legal Order», CRAIG, P. y BÚRCA, G. de, The Evolution of EU Law, Oxford: Oxford University Press, 2011.

Guía de uso

¡ENHORABUENA!

ACABAS DE ADQUIRIR UNA OBRA QUE **INCLUYE LA VERSIÓN ELECTRÓNICA.**
APROVÉCHATE DE TODAS LAS FUNCIONALIDADES.

ACCESO INTERACTIVO A LOS MEJORES LIBROS JURÍDICOS

⫼ARANZADI

FUNCIONALIDADES

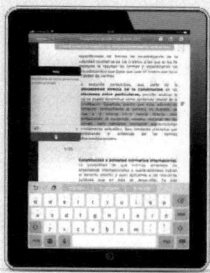

SELECCIONA Y DESTACA TEXTOS

Crea anotaciones y escoge los colores para organizar tus notas y subrayados.

USA EL TESAURO PARA ENCONTRAR INFORMACIÓN

Al comenzar a escribir un término, aparecerán las distintas coincidencias del índice del Tesauro relacionadas con el término buscado.

HISTÓRICO DE NAVEGACIÓN

Vuelve a las páginas por las que ya has navegado.

ORDENAR

Ordena tu biblioteca por: Título (orden alfabético), tipo (libros y revistas), editorial, jurisdicción o área del Derecho.

CONFIGURACIÓN Y PREFERENCIAS

Escoge la apariencia de tus libros y revistas en ProView cambiando la fuente del texto, el tamaño de los caracteres, el espaciado entre líneas o la relación de colores.

MARCADORES DE PÁGINA

Crea un marcador de página en el libro tocando en el icono de Marcador de página situado en el extremo superior derecho de la página.

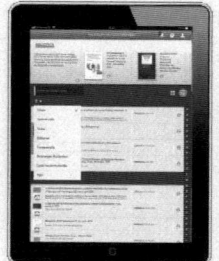

BÚSQUEDA EN LA BIBLIOTECA

Busca en todos tus libros y obtén resultados con los libros y revistas donde los términos fueron encontrados y las veces que aparecen en cada obra.

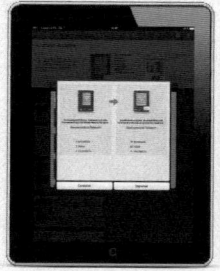

IMPORTACIÓN DE ANOTACIONES A UNA NUEVA EDICIÓN

Transfiere todas sus anotaciones y marcadores de manera automática a través de esta funcionalidad.

SUMARIO NAVEGABLE

Sumario con accesos directos al contenido.

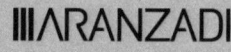

Estimado/a cliente/a,

Para acceder a la versión electrónica de este libro, por favor, accede a **http://onepass.aranzadi.es** Tras acceder a la página citada, introduce tu dirección de correo electrónico (*) y el código que encontrarás en el interior de la cubierta del libro.

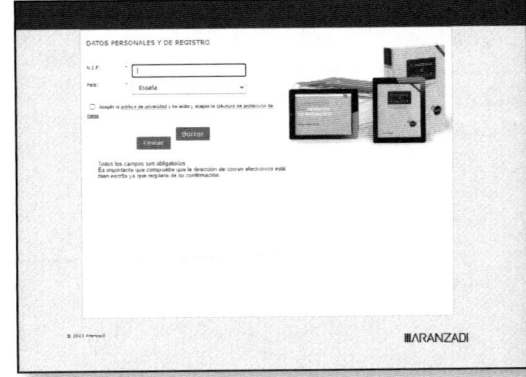

A continuación pulsa enviar.

Si te has registrado anteriormente en OnePass, en la siguiente pantalla se te pedirá que introduzcas el NIF asociado al correo electrónico.

Finalmente, te aparecerá un mensaje de confirmación y recibirás un correo electrónico confirmando la disponibilidad de la obra en tu biblioteca.

Si es la primera vez que te registras en **OnePass,** deberás cumplimentar los datos para crear tu cuenta y poder acceder a tu libro electrónico.

- Los campos **"Nombre de usuario"** y **"Contraseña"** son los datos que utilizarás para acceder a las obras que tienes disponibles a través del navegador en la ruta www.proview.thomsonreuters.com

Servicio de Atención al Cliente

Ante cualquier incidencia en el proceso de registro de la obra no dudes en ponerte en contacto con nuestro Servicio de Atención al Cliente. Para ello accede a nuestro Portal Corporativo y una vez allí en el apartado del Centro de Atención al Cliente selecciona la opción de Acceso a Soporte para no Suscriptores (compra de Publicaciones).

⫼ARANZADI